顔のゆがみがととのうと驚くほどきれいな私が現れる

BIKOTSU ZERO院長
ゆがみ整体師　**高野直樹**（著）

歯科医師　**森下真紀**（監修）

ダイヤモンド社

「顔のゆがみ」が気になる人が増えています

SNSの発達で、多くの人が自分の写真を撮り、まわりに共有するようになりました。

さらに、オンライン会議が中心になり、画面に映る自分の顔をひんぱんに見るようになったことで、

- **フェイスラインが左右で違う**
- **目の高さが違う**
- **笑うと口角の高さがずれる**
- **エラが片側だけ張っている**

など、これまでは気づかなかった、ご自身の「顔のゆがみ」に気づく人が急増しました。

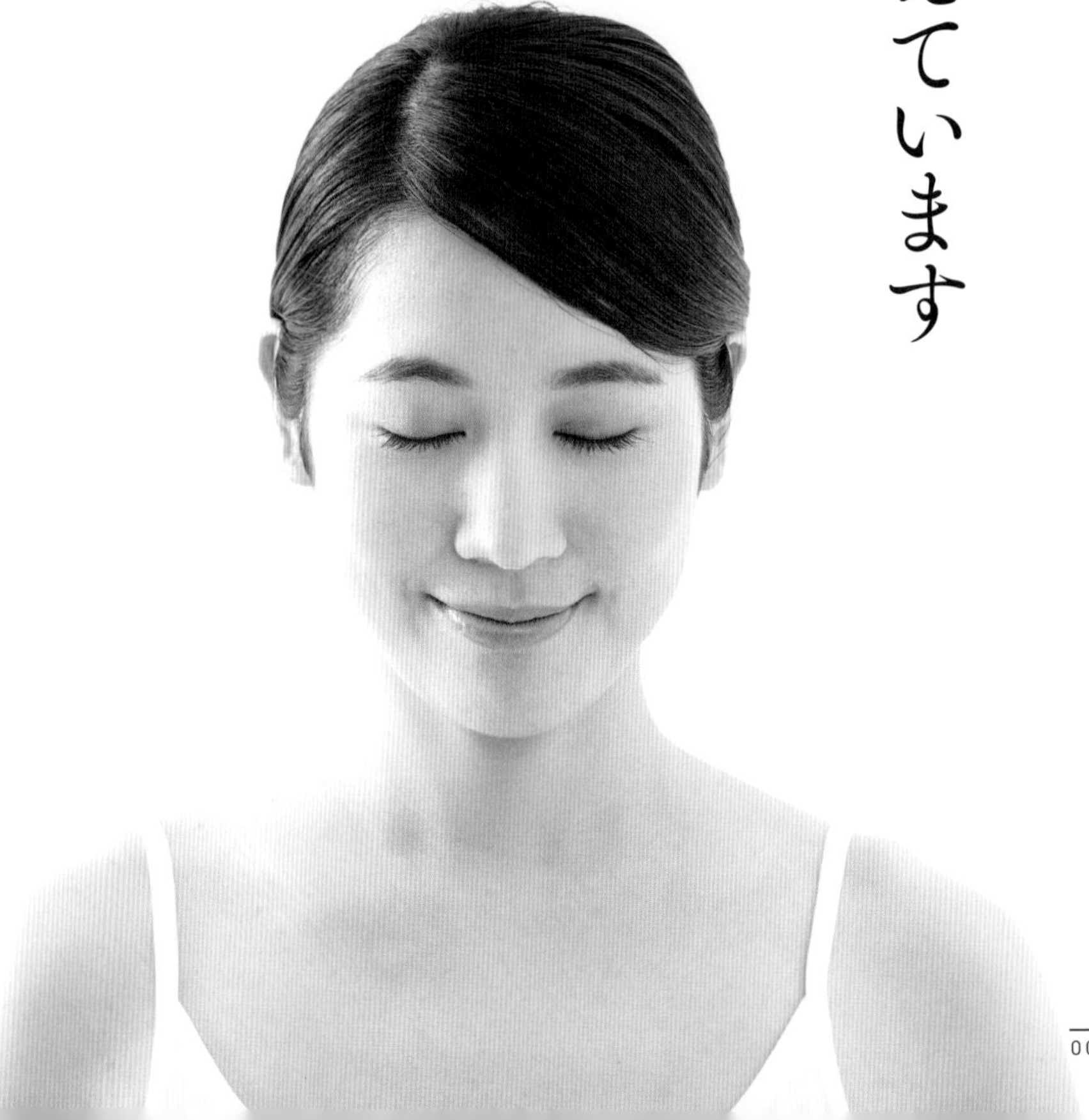

ところが、「顔のゆがみ」を整えたいと思ったとき、小顔矯正のサロンはたくさんあっても、「顔のゆがみ」を専門にするところはほとんどありません。そのため、多くの人は「顔のゆがみ」についてどこに相談したらよいかわからず、悩みを抱え続けているのです。

「顔のゆがみ」はホームケアで整えられる！

「ゆがみは気になるけど、どうしたらよいかわからない……」、そんな方に、まず手に取っていただきたいのがこの本です。

「顔のゆがみ」を整えるためには、筋肉や骨格などの人体の構造や、身体の働きなど、解剖学や生理学などへの深い知識が必要です。こうした専門知識を取得するには、長い時間がかかるため、「顔のゆがみ」に特化したサロンが少ないのです。

ですが、「BIKOTSU ZERO」では、スタッフ全員がこうした身体の構造を日々学んでいます。そのため、本書の推薦コメントをいただいた南《みなみ》 明《あき》奈《な》さんをはじめ、多くのタレント、モデル、プロのアスリート。さらに、看護師や医師など、多くの方が当院に通ってくださっています。

本書は、そんな私たちのプロの技術を、おうちで実践できるようシンプルに落としこんでご紹介しています。

「ゆがみ」の原因にアプローチして正しく改善する！

顔のゆがみは、表面的に改善しても、原因を解消しなければリバウンドしやすいもの。そのため、私たちのサロン、「BIKOTSU ZERO」では、そもそもの原因にアプローチし、正しくゆがみを改善しています。構造医学にもとづき、安全な方法で骨格を整えることで、本当の美しさが手に入るのです。

この本では、悩みがあるパーツ別に、最大限の効果を引き出すケアを説明しています。それぞれ、ゆがみが強くなる原因や、なぜその部位にアプローチするのか、ケアを行うことでどのような変化が期待できるのかを詳しく解説しました。ぜひ、気になるところから選んで実践してみてください。

メイクではごまかせない「顔のゆがみ」が改善されると、顔全体のバランスが整います。むくみにくく、スッキリと小顔になり、印象が大幅に変わることでしょう。

本書のケアを実践することで、これまで悩んでいたゆがみが目立たなくなり、自信をもって写真に写ったり、人と接することができるようになります。「顔のゆがみ」に悩んでいた方のコンプレックスが一つでも解消され、イキイキと過ごせるようになるなら、こんなに嬉しいことはありません。

BIKOTSU ZERO 院長　高野直樹

あなたの顔はゆがんでいる？

3つのセルフチェック

多くの人は、証明写真やSNSに投稿する画像、またはオンライン会議での画面などに映る自分の姿を見て「もしかして、ゆがんでいる？」と気づきます。ところが、画像などでは、さほど問題ないように見えても、実はひそかにゆがみが進行しているケースも少なくありません。

あなたの顔がゆがんでいるのか、いないのか、簡単にチェックできる方法が3つあります。ひとつずつ順にご説明しましょう。

☑ 歯の中心はそろっていますか？

ここで紹介する3つのチェック法は、主に、あごにゆがみがあるかどうかを確認します。あごの骨は、顔の骨格で唯一、動く部分です（P.47）。もっともゆがみやすく、あらゆる顔のパーツのゆがみに大きく関わっています。

まず、**鏡の前で、いつも通りの自然な笑顔をつくってみましょう。そして、自分の上の前歯と下の前歯の中心が、そろっているかどうかを確認します。上下の前歯の中心がずれている場合、ゆがみがある**と考えられます。

POINT

歯並びが悪いケースも

前歯の中心線がそろわない人の中には、あごはゆがんでいないけれど、歯並びが整っていないためにズレを感じる場合があります。その場合は、ほかのチェック方法を中心に確認しましょう。

あごのラインは左右対称ですか？

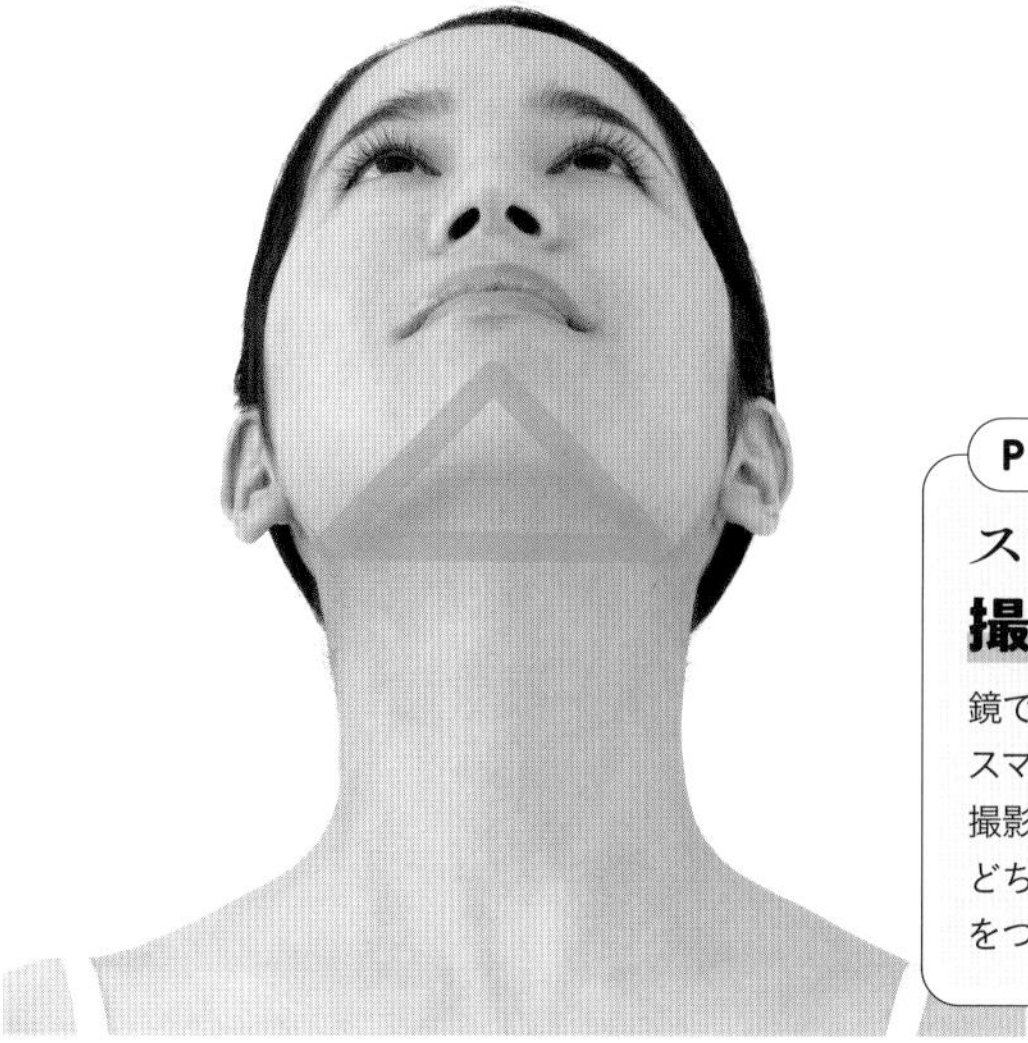

2つめは、上を向いたときのあごのラインの確認です。**左右のフェイスライン（耳の下からあごまで）を結んだ三角形のラインが、均等かどうかチェックしましょう。**顔を正面から見たときは問題なくても、上を向くと左右のズレに気づく人が少なくありません。

POINT

スマートフォンで
撮影するのも◎

鏡では確認しづらい場合は、スマホで撮影してみましょう。撮影するときは、首が左右、どちらかに傾かないよう、気をつけてください。

耳の高さはそろっていますか？

耳を立てて
高さをCheck！

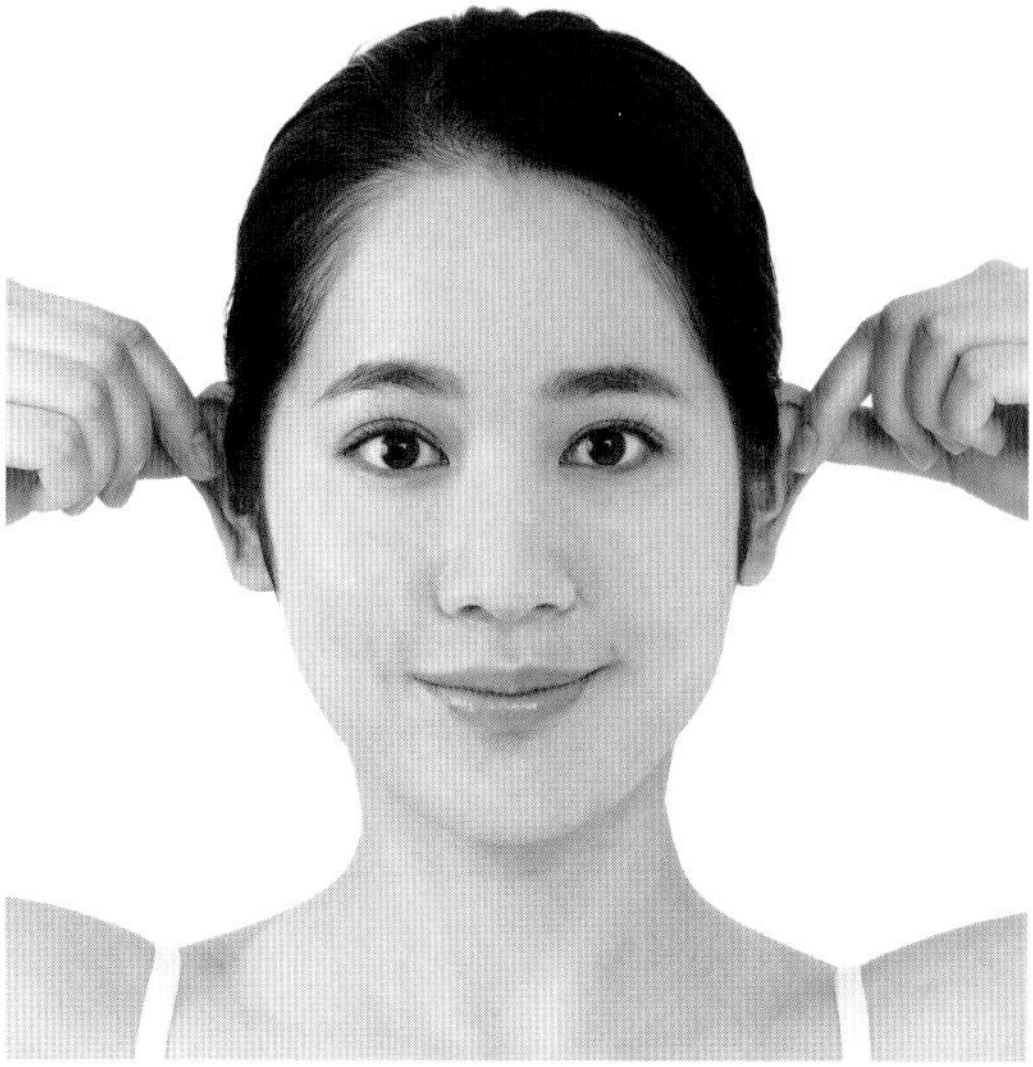

3つめは、顔を正面から見たときの「耳の高さ」の確認です。**両手で耳を持ち、前方に向かって立ててみましょう。**左右、同じ高さについていますか？

耳は、普段あまり意識することがないパーツかもしれません。ですが、耳はあごの関節と同じ骨（側頭骨）についているため、ゆがみのセルフチェックに適しています。

「顔がゆがむ」原因は主に3つ

「顔のゆがみ」は、骨がずれていることが原因で起こると思っていませんか？

実際にこのように考えている人は多く、「ゆがみを整えたり、小顔にするためには、痛みに耐えて、骨を押しこむような施術を受けなければならない」という考えが広まっています。

ですが、骨格を解剖学的に見ると、大人の頭蓋骨はあごの関節を除いて、ほぼ結合しています。そのため、顔がゆがむほど骨が大きくずれることはありません。

それでは、顔がゆがむ本当の原因である「**顔の筋肉の左右差**」、「**下顎骨《かがくこつ》のゆがみ**」、「**全身のゆがみ**」の3つを詳しく見ていきましょう。

原因 1

顔の筋肉（表《ひょう》情《じょう》筋《きん》、咀《そ》嚼《しゃく》筋《きん》）の張り方に **左右差がある**

どんな人でも、話し方、表情のつくり方などのクセにより、筋肉の使い方に偏りがあります。そのせいで、「顔の筋肉」の張り方に左右差が生まれているのです。

咀嚼筋

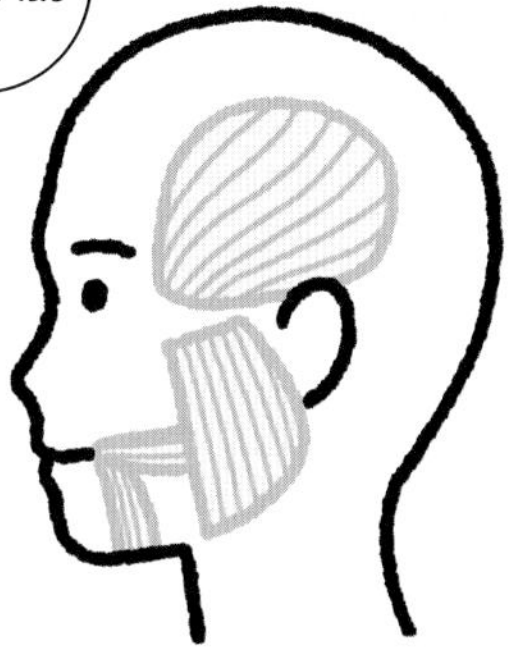

「咀嚼筋」は、モノを噛むための筋肉の総称です。耳の上あたりにある側頭筋《そくとうきん》も含みます。

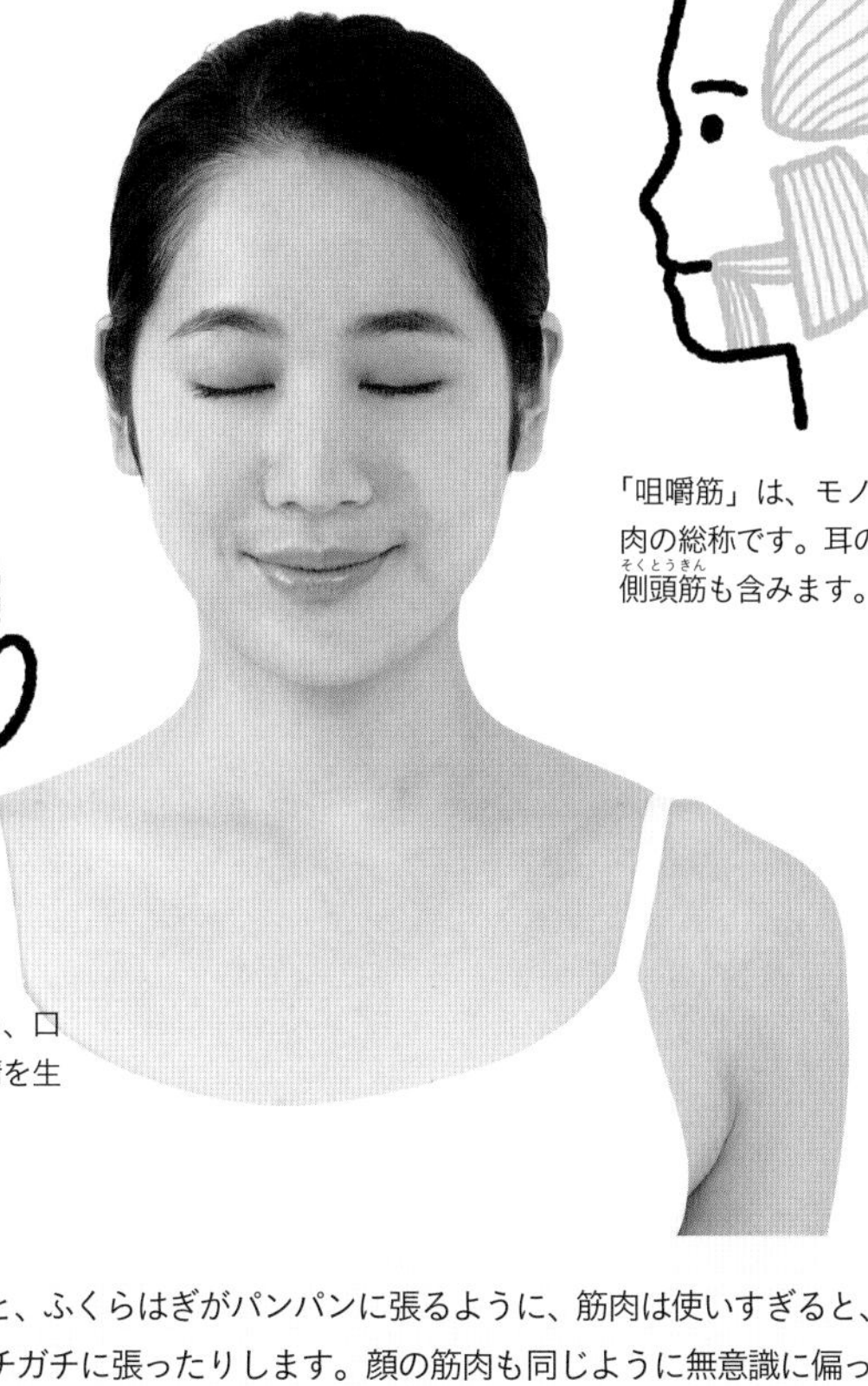

表情筋

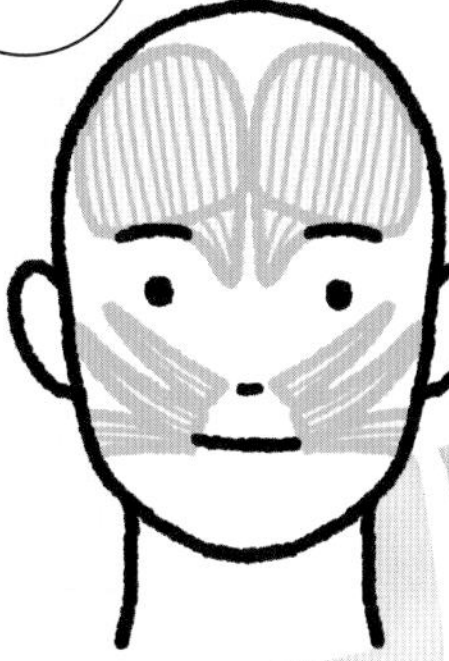

目を開閉する、眉を持ち上げる、口角を上げるなど、あらゆる表情を生み出すのが「表情筋」です。

たくさん歩くと、ふくらはぎがパンパンに張るように、筋肉は使いすぎると、こわばったりガチガチに張ったりします。顔の筋肉も同じように無意識に偏った使い方をすることで、張り方に左右差が生まれます。

それが顔のバランスを崩し、ゆがみにつながります。特に、日々くり返す「モノを噛む」動作で使う咀嚼筋の状態は、ゆがみに大きく影響します。

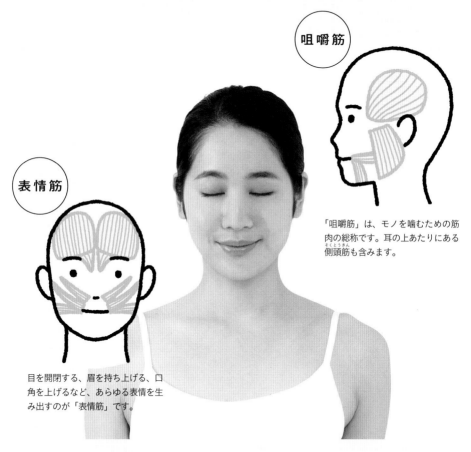

原因 2

下《か》顎《がく》骨《こつ》がゆがんでいる

頭部にある骨の中で、唯一大きく動くのが下顎骨です。だからこそ、日々の動作の中でズレが生まれやすく、ゆがみにつながります。

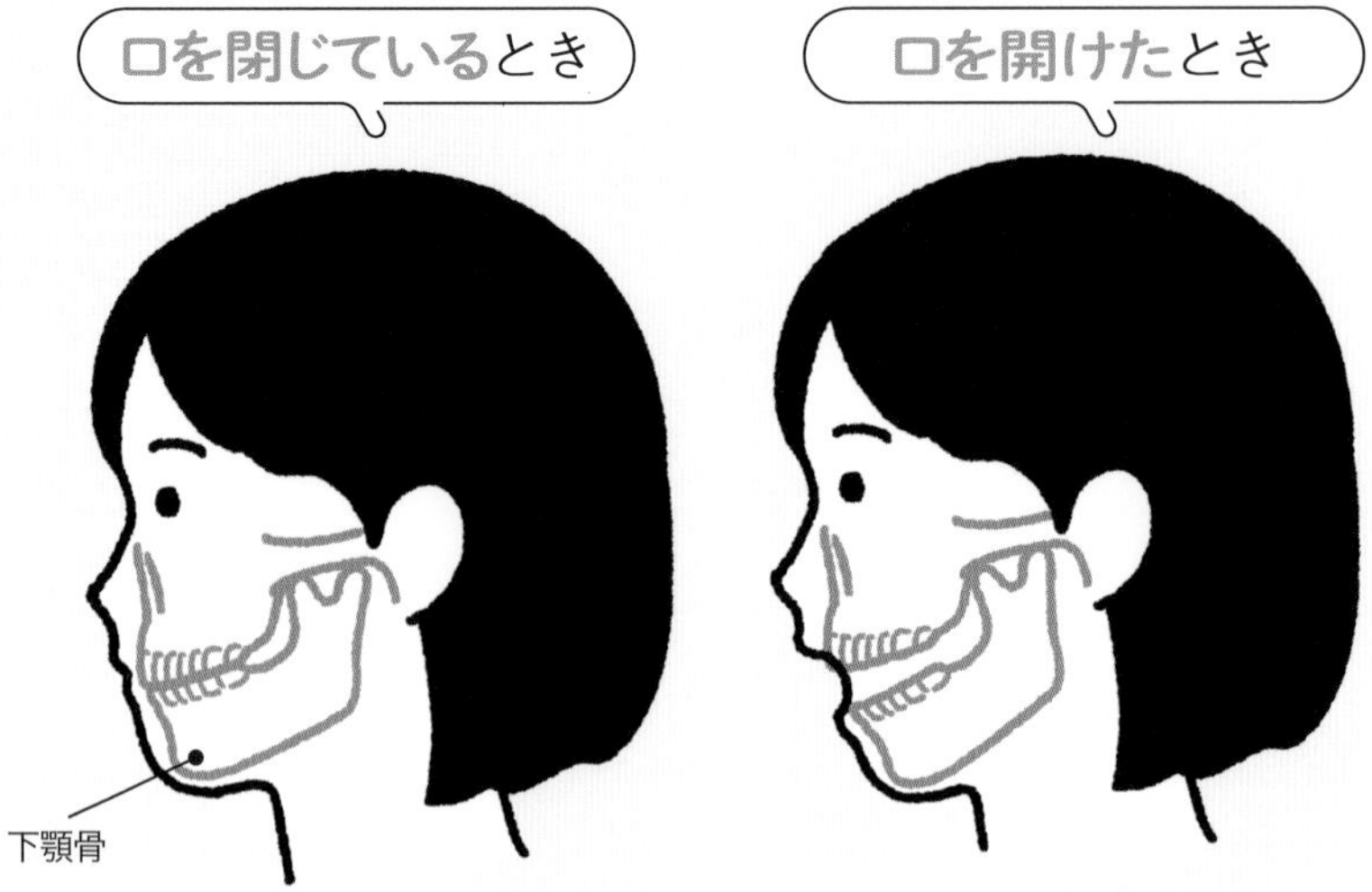

人間のあごは、とても複雑な動きをします。大きく開閉するだけでなく、前後や左右にも動かすことができます。頭部の骨格の中で唯一自在に動かせるその柔軟さこそが、顔のゆがみを引き起こす大きな原因となるのです。

「咀嚼筋」は、あごの関節を動かす役割を果たします。硬さに左右差が生まれてあごがゆがむと、あごの関節の位置が変わり、口角の高さやフェイスラインの左右差にもつながります。

原因 3

全身のゆがみが影響している

人間の体は、頭から足先まで骨と筋肉でつながっています。そのため、離れているように見えても、体のどこかがゆがむと顔のバランスにも影響します。

首や肩

頭を支える首と肩
顔への影響も大きい

スマホの見すぎ、パソコン作業でうつむきがちな時間が長い、いつも同じ側でバッグを持つ、のいずれかが当てはまる人は注意！首や肩の左右のこりに差が出ているかも。

背骨

体の中心である背骨
姿勢の悪さがゆがみに

よくない座り方、立ち方を続けていると、人間の体は、その姿勢を維持するための筋肉がつきます。そうして、どんどん背骨のゆがみは進んでいきます。

腰

前後左右
ゆがみやすいのが腰

腰……つまり骨盤は、上半身を支え、下半身をスムーズに動かすための、大切な部位。日常の何気ない習慣によってゆがみやすいうえに、影響は背骨や首にも及びます。

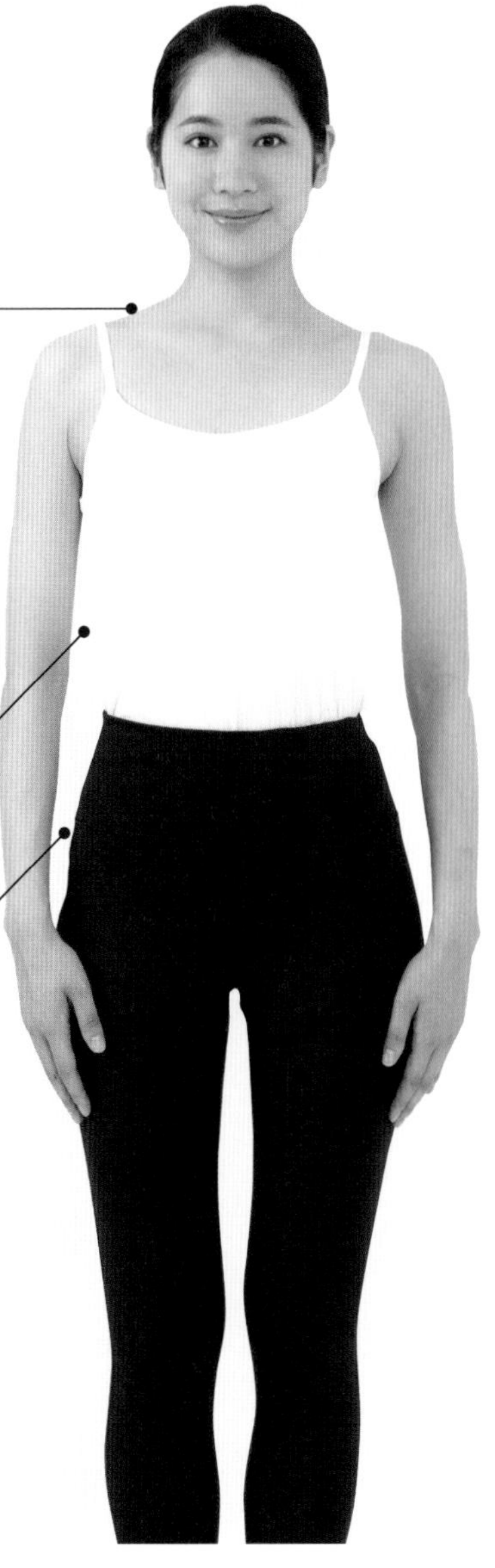

「顔のゆがみ」はホームケアで整えられる

「顔のゆがみは、プロでないと治せない」と考える人は多いのではないでしょうか。それは、ほとんどの人が「ゆがみは骨のズレが主な原因であり、プロの手によって押しこんでもらわなければ治らない。だから、自宅で骨を矯正するようなケアはできない」と思いこんでいるから。

ですが、ここまで、顔のゆがみの原因は、大きく「顔の筋肉の左右差」「下顎骨のゆがみ」「全身のゆがみ」の3つであることをご紹介しました。

これらの原因の多くは、骨では

なく、骨を支える筋肉や、関節へのアプローチで解消していくことができます。つまり、**骨格や筋肉の構造を理解し、正しい箇所に刺激を与えたり、マッサージすることによって、左右差が整い、左右対称の美しい顔が現れる**のです。

この本で紹介するホームケアでは、強い力は必要としません。むしろ、「気持ちいいな」と感じるくらいでＯＫです。余分な力を加えないほうが、筋肉の緊張がほどけやすく、ゆがみを整えやすくなります。

気になるパーツはもちろん、あわせて体も整えると、より効果が実感できるでしょう。

ゆがみが整うメカニズム

1 筋肉をほぐして張りをゆるめる

筋肉は、偏った使い方などにより緊張すると、硬く張って膨張したり、こわばったりします。すると、連動するほかの表情筋や、つながっている骨格を引っ張るため、ゆがみにつながります。そのため、まずはこわばった筋肉の張りをゆるめることから始めます。

2 骨格が正しい位置に戻りやすくなる

筋肉のアンバランスなこわばりがほぐれると、引っ張られた筋肉がゆるみ、ゆがみがやわらぎます。また、顎《がく》関《かん》節《せつ》（P.47）を動かす筋肉の左右差が整うと、下顎骨が正しい位置に戻りやすくなります。こうしてバランスが整い、ゆがみが解消されていきます。

さらに！

「顔のゆがみ」を整えると小顔にもなれる理由

顔のゆがみを解消していくと、ほとんどの人は「顔が小さくなった！」と実感します。なぜなら、顔が大きくなる多くの原因が、ゆがみを整える過程で解消されるからです。

顔が大きく見えるのは、ゆがみなどによって、骨格、筋肉、脂肪などが〝はみ出す〟のが原因です。ジグソーパズルのピースがゆがみ、うまくはまらない状況というと、わかりやすいでしょうか。

つまり「小顔」といっても、ケアをすればするほど、顔が縮むわけではありません。あくまでも、その人の本来の状態に戻るということです。

Q

顔が**大きく見える**のはどうして？

主に4つの原因があります

1

筋肉の張り

足の外側を使って歩くクセがある人は、太ももの外側がパンパンに膨らみます。これと同じように、偏って使った筋肉は、こわばり、大きく膨張する性質があります。

同じことが顔でも起こるため、顔が大きく見えるのです。

2

骨格のゆがみ

右のページで紹介したように、骨格のゆがみは、パズルのピースが収まりきっていないために起こります。もとの状態よりもはみ出す分、顔が大きく見えているのです。ゆがみが整い、骨格が正しい位置に収まることで、スッキリとした小顔に。

3

むくみ

筋肉がこわばると、血液やリンパ液が圧迫されます。その結果、血液やリンパ液が滞り、顔にむくみが生じます。それにより、顔がパンパンに膨張したり、垂れ下がったりします。

4

体脂肪の増化

シンプルですが、体重が増えて、体脂肪が増えると、顔にも脂肪がつき、顔が大きくなります。

基本的に、人間は部分痩せはできません。顔が大きい要因が脂肪の場合は、ダイエットなどで全体的な体脂肪を減らす必要があります。

1日3回でこんなに変わる!

「顔のゆがみ」ビフォーアフター

「顔のゆがみ」に悩んでいる3名の方に、本書のホームケアを実践いただきました。
2週間のケアでどう変わったのか、リアルな変化をご紹介します。

CASE 01

H.Sさん

フェイスラインの左右差が減少し、輪郭がシャープに！

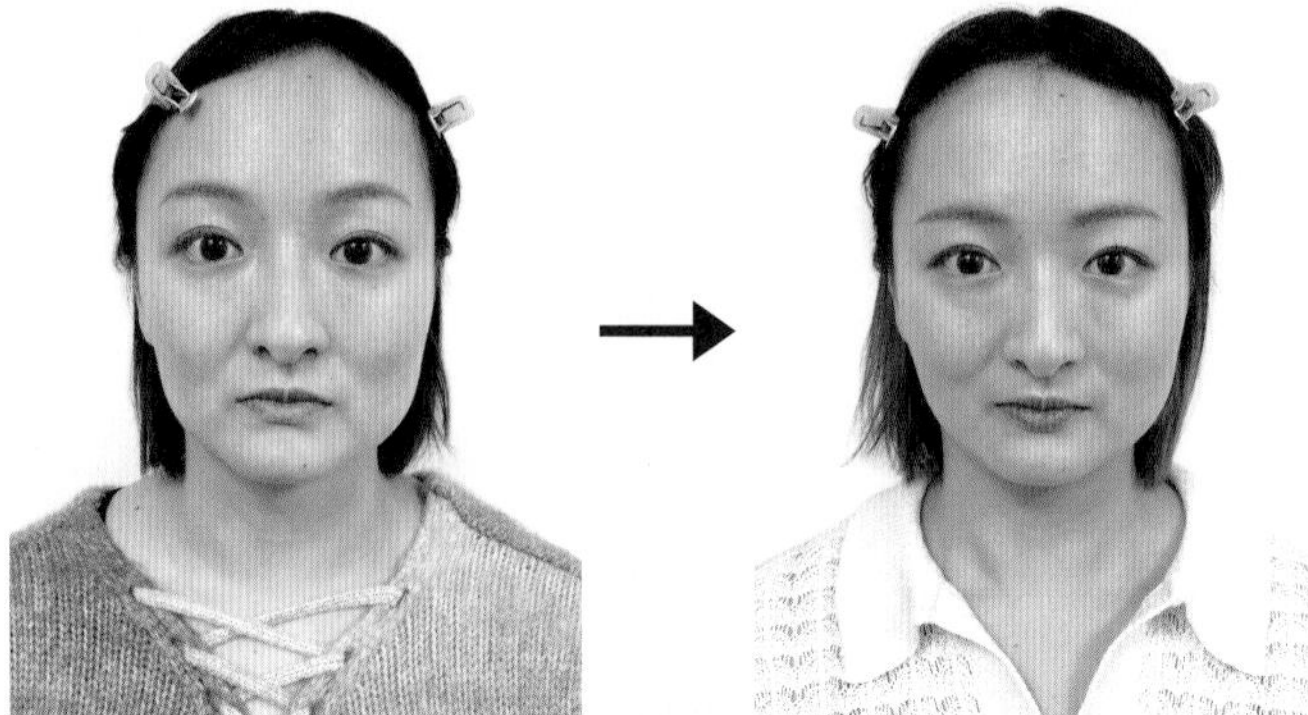

BEFORE　AFTER

長年、あごのゆがみ（フェイスラインの左右差）に悩んでいたというH.Sさん。2週間のケアで左側の咬筋の張りが減少し、フェイスラインがキュッと引き上がったことで、輪郭がシャープになりました。

H.Sさん ケアをやってみて

高校生のときから悩んでいた、フェイスラインの左側に、特に効果を感じました！　普段の生活リズムの中にも取り入れやすかったですし、少しずつでも確実に変化があったので続けられました。

CASE 02
A.Sさん

あごのゆがみが改善し、頬の出っ張りが目立ちにくく！

BEFORE　　AFTER

あごのゆがみと、咀嚼筋の硬さの左右差が改善したことで、頬の出っ張りが目立ちにくくなりました。首のストレッチも取り入れたことで、むくみも解消し、フェイスラインが引き上がっています。

A.Sさん ケアをやってみて

1年ほど前から、頬の高さの左右差が気になっていました。ケアを行ったことで、その左右差が軽減し、あごのラインもすっきりした気がします！

CASE 03
T.Iさん

咀嚼筋がほぐれたことで見た目にも変化が！

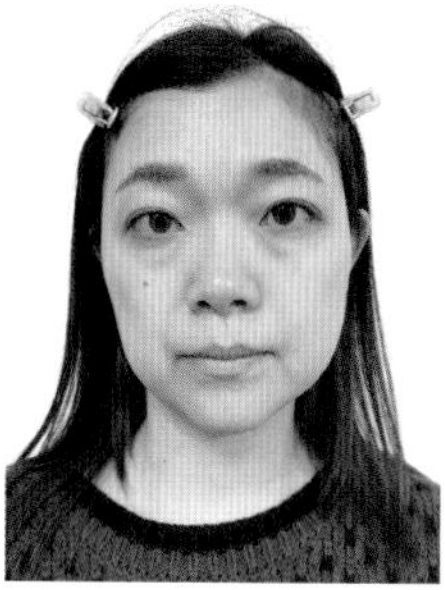

BEFORE　　AFTER

あごのゆがみと、咬筋の張りによってフェイスラインの左右差が目立っていましたが、咀嚼筋をしっかりほぐしたことで、全体がグッと引き上がりました。フェイスラインが変化したことで、小顔効果も！

T.Iさん ケアをやってみて

1日数分だけ頑張れば、長年悩んでいたゆがみが改善される、という気持ちで続けました。ケアにより、あごの力が抜けて楽になり、食いしばりが減りました。

CONTENTS

PART1

やっていませんか？ 顔のゆがみ習慣

PART2

ゆがみを整える ホームケア

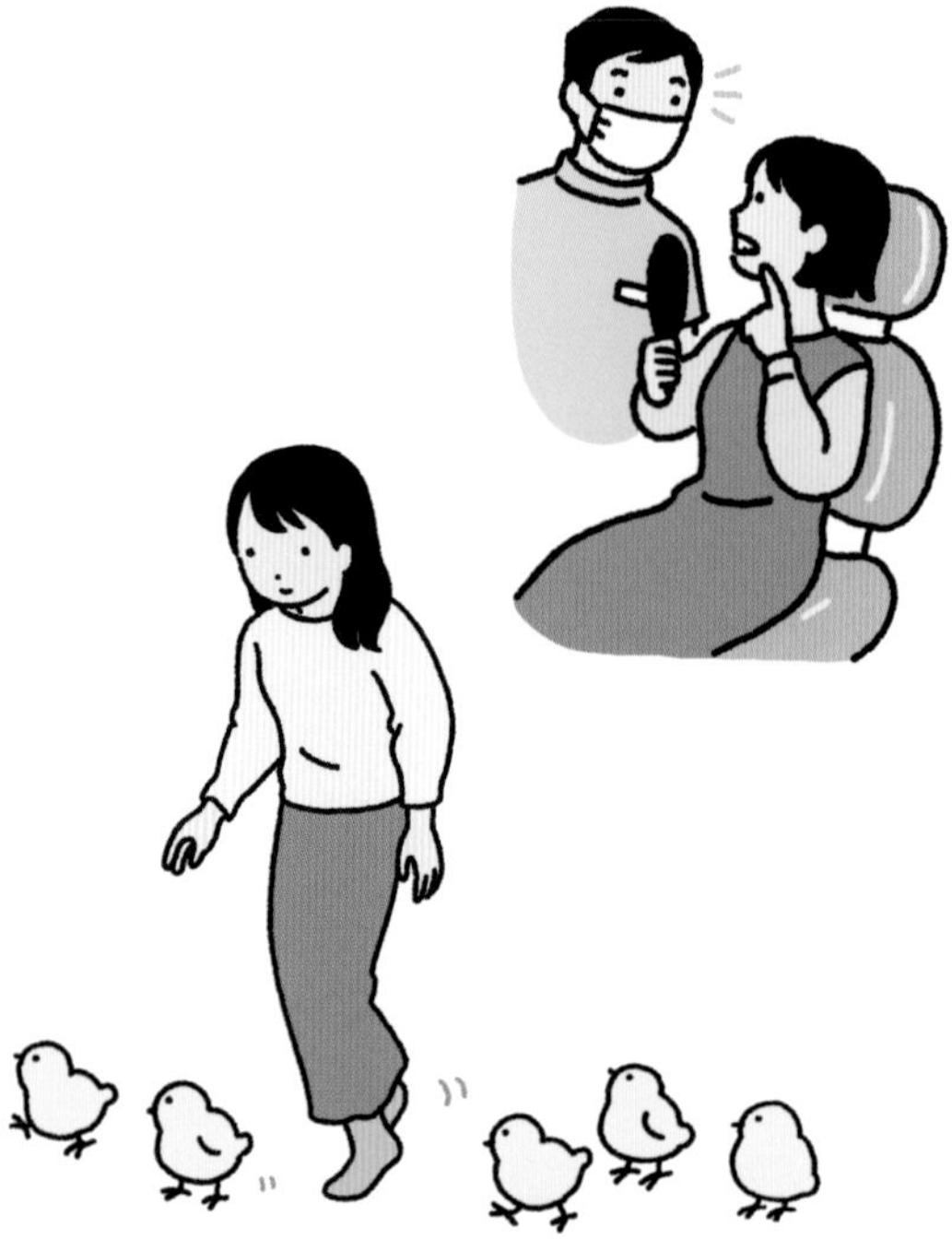

PART3 全身にアプローチする **応用ケア**

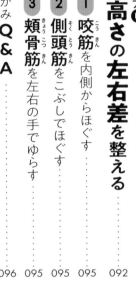

PART 1

やっていませんか？
顔のゆがみ習慣

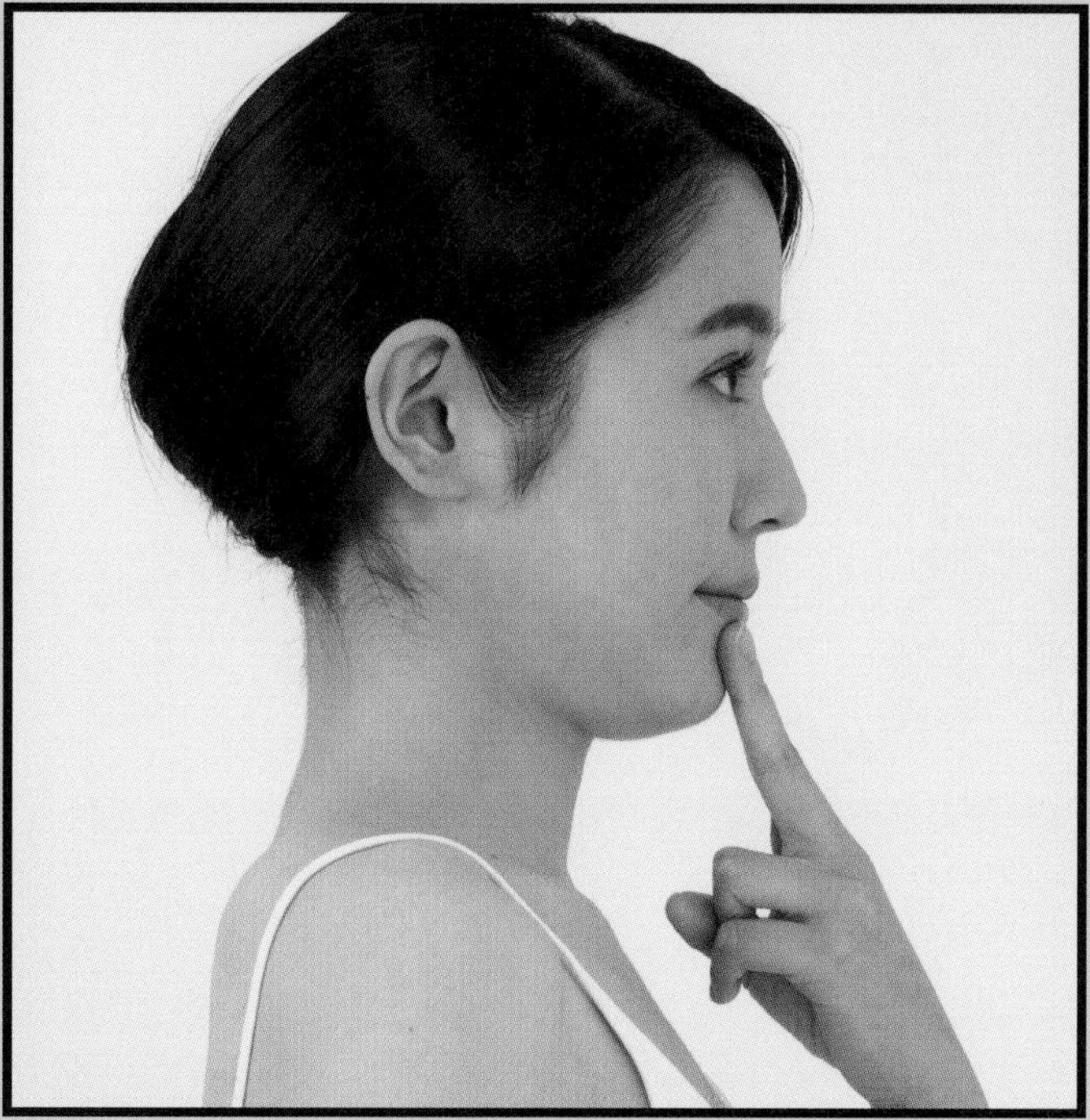

「顔のゆがみ」は、日々のちょっとした習慣の積み重ねによって、どんどん進行していくもの。ホームケアを実践する前に、原因となる習慣を改善しましょう。ここでは、ゆがみを悪化させる「ゆがみ習慣」と、その改善方法を紹介します。

ホームケアの効果を高めるために

ゆがみ習慣をやめましょう

ゆがみは毎日、どんどん進行していく

「目の高さが違う」「笑ったときの口角の左右差が気になる」といった、「顔のゆがみ」を解消するケア方法をお伝えする前に、1つ大切なポイントがあります。それは、**ケアをすることよりも、顔がゆがむ習慣をやめるほうが大切**ということです。

「顔のゆがみ」は、意図しないうちに、日々、悪化しています。ある日突然、顔がゆがんでいた、というケースは非常に稀です。

なぜ、ゆがみは放っておくと進行してしまうのでしょうか。

ゆがみの多くは、日常生活の習慣から生まれます。

私たち人間には、誰でも「利き手」や「利き足」があり、「利き目」や「利き耳」があるという説もあります。日常生活の中で、完璧に左右を同じくらい使える人は、ほとんどいないのではないでしょうか。一方に偏って筋肉を使うことは、どうしても避けられません。こうした毎日のちょっとした左右差が積み重なることで、体はゆがみ、顔のゆがみも進行していきます。

また、猫背や片足重心、足を組むなど、体をゆがめるクセの多くは、くり返すたびに「間違った使い方をするため」の筋肉が発達します。すると、正しい使い方よりも、自分のクセ通りに動かすほうがラクに感じるようになり、ゆがみがさらに進行していくのです。

傷やケガなどは、健康であれば自然治癒力が働き、少しずつよくなっていきます。ところが「顔のゆがみ」は、毎日の生活で積み重なるものなので、自然に治ることはありません。むしろ、原因を減らす努力をしなければ、ゆがみの度合いは強くなってしまいます。

だからこそ、**「今のゆがみを進行させない」ことが大切**なのです。日頃の習慣を意識してゆがみの進行を抑えたうえで、本書でご紹介するホームケアを実施してみてください。

まずは、ホームケアの効果を最大限に活かすための**「ゆがみを悪化させるNG習慣」**をご紹介します。いずれも多くの人がやりがちなクセですが、意識して改善してみましょう。

とはいえ、何が「ゆがみを悪化させる習慣」なのかがわかっても、身についた習慣をいきなり完全に変えるのは難しいかもしれません。ですが、「こうすると、ゆがむ」とわかれば、少しずつ意識して、減らしていくことができるはず。そうして、ゆがむスピードをスローダウンさせることで、あとから紹介するホームケアの効果を、より実感できるはずです。

Q **ゆがみ**はいつから始まるの？

A **～学生と呼ばれるころ**から

ゆがみは、「小学生」や「中学生」になるころから悪化が始まります。なぜなら、椅子に長時間座って勉強したり、スマートフォンやゲームを触ったりと、偏った体の使い方をしがちな時間が増えるからです。そこから少しずつ、ゆがみは蓄積されていきます。

ゆがみ習慣❶

足を組んで座る

骨盤のねじれが全身のゆがみを招く

足を組んで座ると、骨盤がねじれます。骨盤のゆがみは、背骨や首など全身のゆがみへとつながり、顔のゆがみを生み出します。

足を組むクセがある人は、すでに「組んだほうがラク」な体のつくりになっています。**その大きな原因が、背骨から太もものつけ根につながる「腸腰筋《ちょうようきん》」という筋肉が縮んでいること。縮ませる状態がラクだと感じるから、足を組みたくなる**のです。

ちなみに、左右同じだけ組めばゆがまないのでは、というのは間違い。どうしても左右差が生まれ、ゆがみが強くなります。

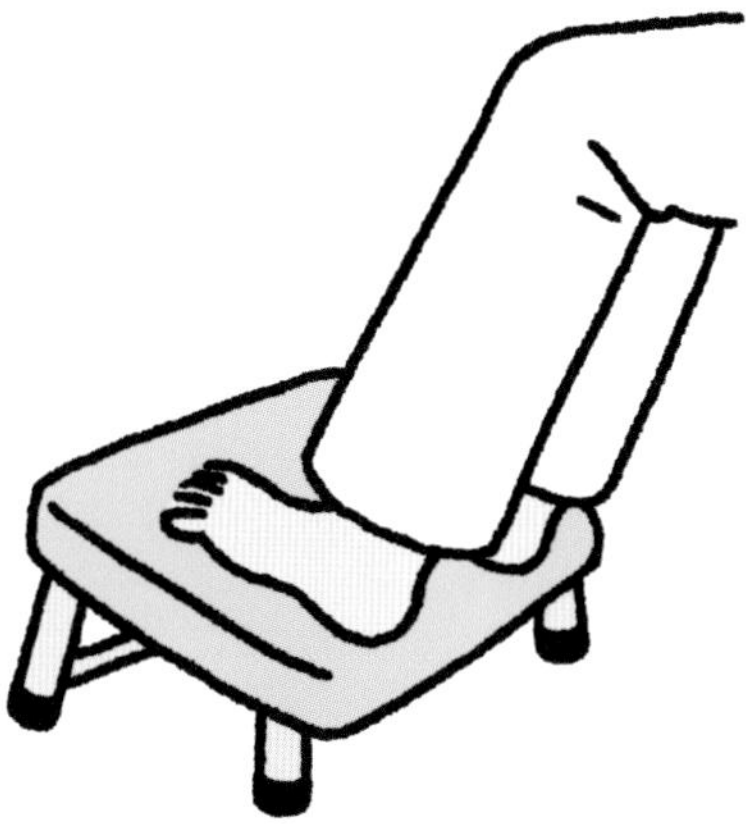

こうしよう！

足を**低いステップ**に乗せましょう

足を組まないと落ち着かない、無意識に組んでしまうという人は、足を小さな台に乗せてみましょう。腸腰筋が少しだけ縮んだ状態になるので、ラクになり、足を組みたい衝動が落ち着きます。なお、根本的に改善しようとする場合、骨盤まわりのケア（P.112～）や腸腰筋のストレッチ（P.115～）が必要となります。

ゆがみ習慣❷ 横座りをする

クセにならないよう意識して改善を

特に女性に多いのですが、床に座るときに、〝お行儀が悪く〟見えないように、正座から左右どちらかにお尻を落とす「横座り」をすることがあります。この姿勢は、強烈に骨盤をゆがませてしまいます。椅子に座るとき、足を横に流すのもやめましょう。

座り方を気にせずに済むときは、「あぐら」や「体育座り」など、**骨盤をひねらない座り方がよい**でしょう。正座もゆがみの観点ではよい座り方ですが、長時間は難しいもの。あぐらを組む足がどちらが上かというのは、気にしなくても大丈夫です。

Q あぐらをかくと骨盤が開くって聞いたんだけど…

A 骨盤は原則、開きません

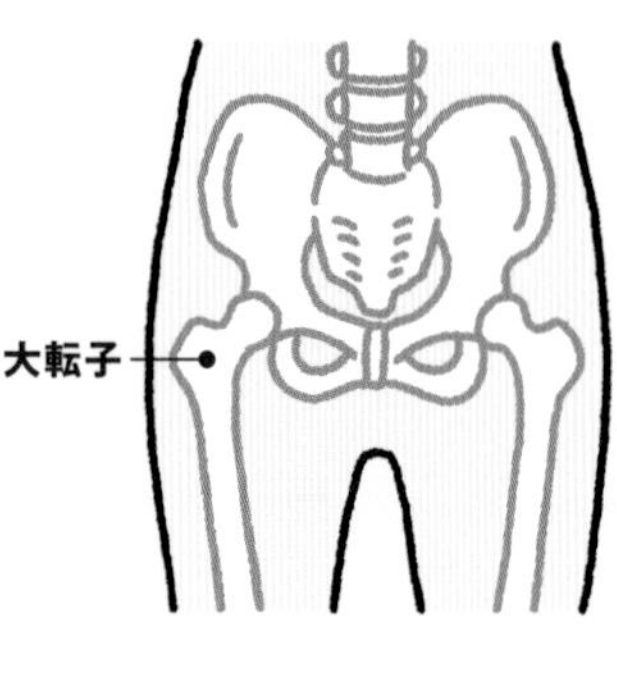

骨盤は、原則、出産時にしか開きません。骨盤が「開いている」ように見えているのは、多くの場合、骨盤にはまっている足の骨のでっぱり部分、大転子《だいてんし》です。あぐらをかいても骨盤は開かないのでご安心を。

ゆがみ習慣❸

片足重心で立つ

代償動作により、全身のゆがみの原因に

左右どちらかの足に重心をかけて立つ「片足重心」も、骨盤のゆがみの要因です。

　どちらかの足に重心をかけると、下半身が傾きます。すると体は、背骨や首を反対方向に曲げるなどして、まっすぐにバランスをとろうとします。

　このように、ある動作ができないとき、ほかの動きで補うことを「代償動作」といいます。

　「片足重心」は、「代償動作」を招き、本来ゆがまないような部分をゆがませます。ゆくゆくは全身のゆがみにつながるので、意識してやめましょう。

ゆがみ習慣4

うつぶせで寝る

首の骨、頚《けい》椎《つい》のゆがみを招くことが

「うつぶせで寝る」のが健康にいいという主張もあります。しかし、顔のゆがみに関していえば、うつぶせ寝は、ゆがみを悪化させます。なぜなら、顔をどちらかに向けることになり、首の骨、頚椎のゆがみを招くからです。「横向きで寝る」のも、うつぶせほどではありませんが、ゆがみの一因となります。

本来であれば、**あおむけで寝るのが理想**です。ただ、寝ているときの姿勢は、意識しても矯正しにくいもの。「今日はあおむけでベッドに入ってみる」など、少しずつ改善しましょう。

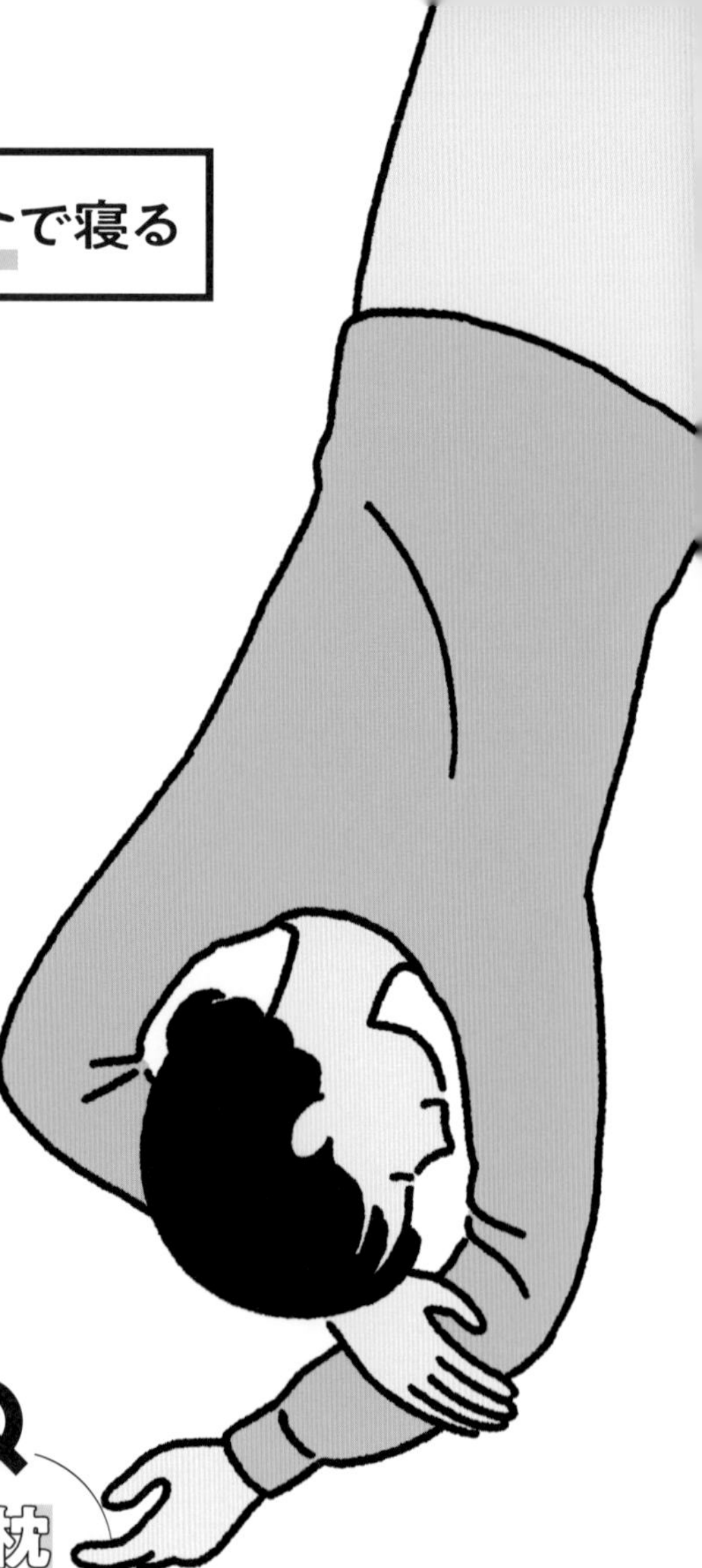

Q 枕の高さはどれくらいがベスト？

A ぐっすり眠れることが最優先です

ゆがみにくい理想的な枕は、「低め」です。しかし、人によって首や肩の状態は異なります。体と脳の疲れを取るためにも、優先すべきは「ぐっすり眠れるもの」。つまり「眠りやすいもの」を選べばOKです。

ゆがみ習慣⑤ 片側でばかり噛む

あごのゆがみの最大の要因に

意識せずにモノを噛むと、どちらか片側ばかりを使いがちになります。あごを片側しか使わないでいると、筋肉のこわばりが偏ってしまい、下顎骨《かがくこつ》のゆがみを引き起こします。すると、フェイスラインのバランスが崩れる、エラが片側だけ張るなどの原因に。さらに、咀嚼筋《そしゃくきん》と連動する筋肉がこわばることで、目や眉の高さが変わることもあるため、百害あって一利なしです。

理想的な噛み方は、左右のあごを同じ頻度で使うこと。でも、それまで片側ばかり使ってきた人にとっては、なかなか難しいかもしれません。まずは、いつも使っているほうとは逆側でもモノを噛む、というのを意識することから始めてみましょう。

なお、歯科治療中などで、片側でしか噛めないという人は、無理をしなくてもOK。治ったら、両側を使うように意識しましょう。

ちょっとの意識で整う

ゆがまない習慣を心がけましょう

顔をゆがませないための「座り方」「立ち方」「眠る姿勢」「モノの噛み方」については、「ゆがみ習慣」でご説明しました。

次は、ちょっとした意識を変えるだけで、日々の動作が「ゆがまない習慣」に変わる。そんな動き方について、ご紹介していきます。

「ゆがみ習慣」「ゆがまない習慣」など、そんなにたくさん毎日、意識できない、と思うかもしれません。でも、すべてを一気に実践しなくてもいいのです。

まずは、何が体や顔をゆがませるのか、どうすればゆがみにくいのかを知ってください。

そして、すぐにできること、やりやすいことから始めてみましょう。余裕ができたら、また別のものを取り入れていけばいいのです。

「ゆがみ習慣」「ゆがまない習慣」では、「ここだけは押さえてほしい」というポイントに絞ってお話ししています。たとえば歩くときも、「あごを引いて頭頂部が引っ張られるようにしつつ、さらに……」など、たくさんのポイントを入れるのではなく、もっとも重要な点を強調し、続けられるようにしました。

1日に「何分やらなければならない」という決まりなどもありません。最初は、ほんの少しでいい。少しずつできる時間を増やしていけばいいのです。いつしかそれがクセになって、本当の意味で習慣にできるはずです。

1つでも、1分でもやることで、何もしていなかったときよりは、着実にゆがみの悪化を防げます。

難しく考えずに、楽しみながら、毎日の生活に取り入れていきましょう。

正しい姿勢を心がける

"悪い姿勢"にもいろいろな種類がある

「"よい姿勢"をとりましょう」とよく言われます。よい姿勢をとることは、顔のゆがみを改善するうえでもとても重要です。姿勢が悪いと、体のあらゆるゆがみの原因になることがあります。「反

り腰」の場合は、骨盤が前傾するため、左右の足に均等に体重を乗せるのが難しくなります。

よい姿勢をキープできるよう、普段から意識してみましょう。

因になるからです。

たとえば頭が前に出て背中が丸くなってしまう「猫背」の人は、歯の接触面が増え、食いしばりの

やりがちNG姿勢

腰が弓のように反ってしまう。そのぶんお腹がぽっこり前に出がち。

反り腰

頭が前に出てしまう。慢性的な肩こりや首の痛み、頭痛の原因に。

猫背

骨盤が前傾している。お尻が突き出たような姿勢になり、重心のバランスが崩れる。

胸が下がりやすくなったり、お腹がぽっこり前に出てしまう。

上半身のゆがみをカバーするためにひざが曲がり、太ももが張りやすい。

重心が前に傾きやすく、つま先重心になりがち。

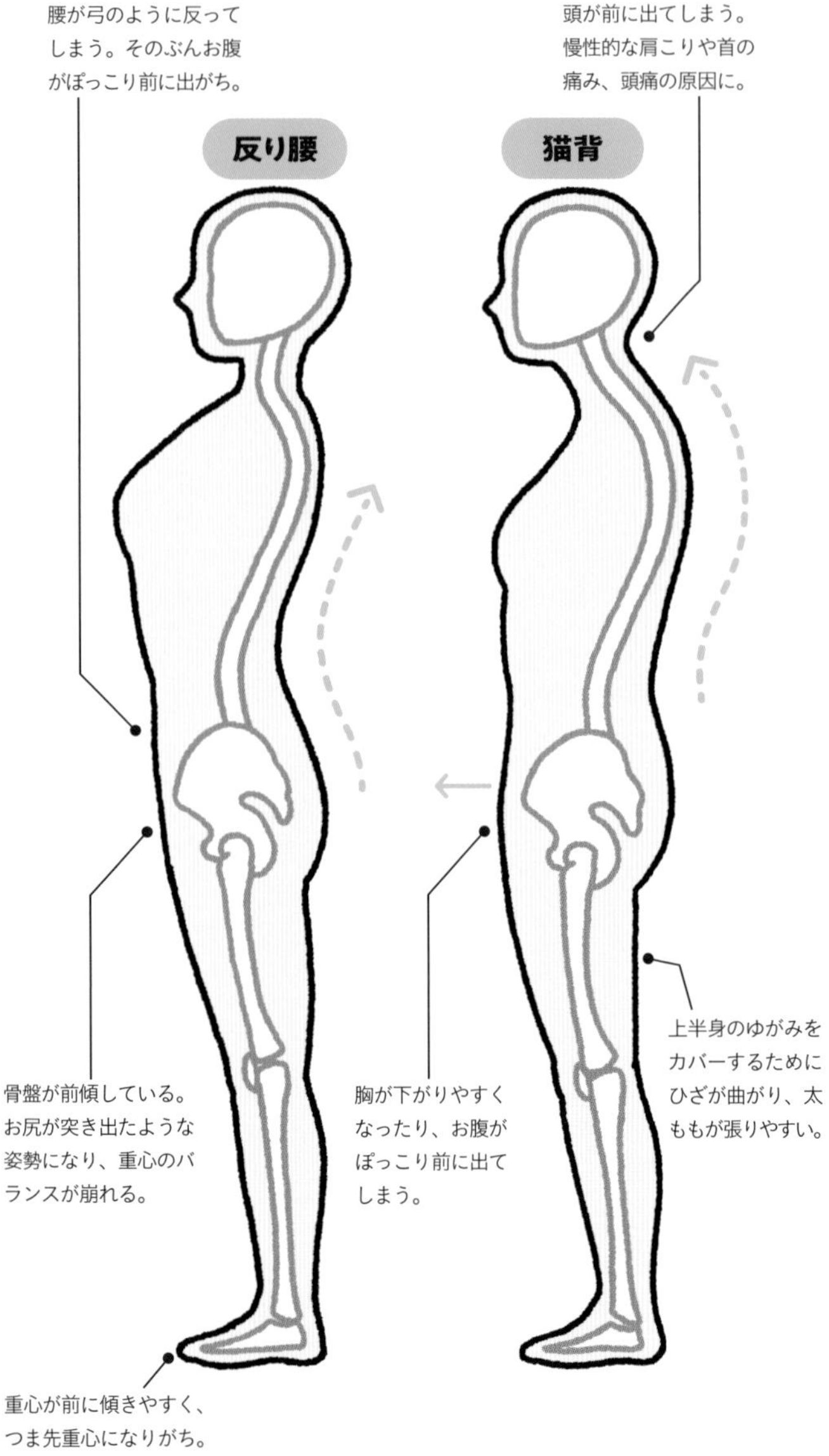

こうしよう！

正しい姿勢のとり方

大切なのは、**頭の位置**。力を抜いて、**“突き出さない”**こと

「正しい姿勢」とは、頭が前に傾いていない、つまり、頭が前に突き出ていない状態です。頭の位置が正しい位置にあれば、背中を丸くすることはできませんし、反り腰になるのも難しいはずです。

人間の体の構造からしても、頭の位置が決まることで、連動する肩や背中などの姿勢がどうなるかが変わります。

POINT

あごを押して、**頭を平行に引く**イメージ

「頭を後ろに引く」というと、首を後ろに反らす人が多いです。重要なのは、頭全体を平行移動で少し後ろに引くということ。あごを指で軽く押して、イメージをつかんでみましょう。

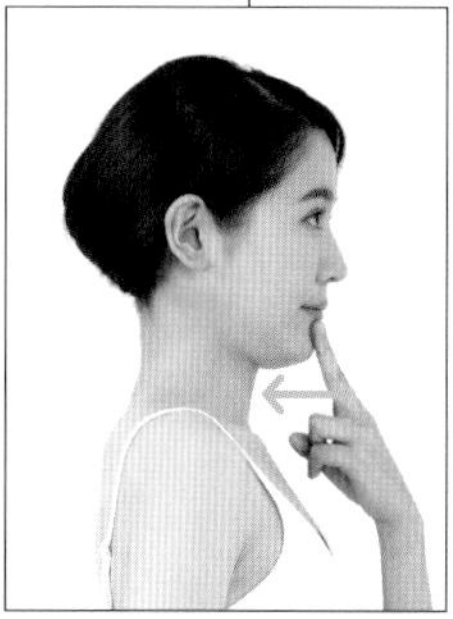

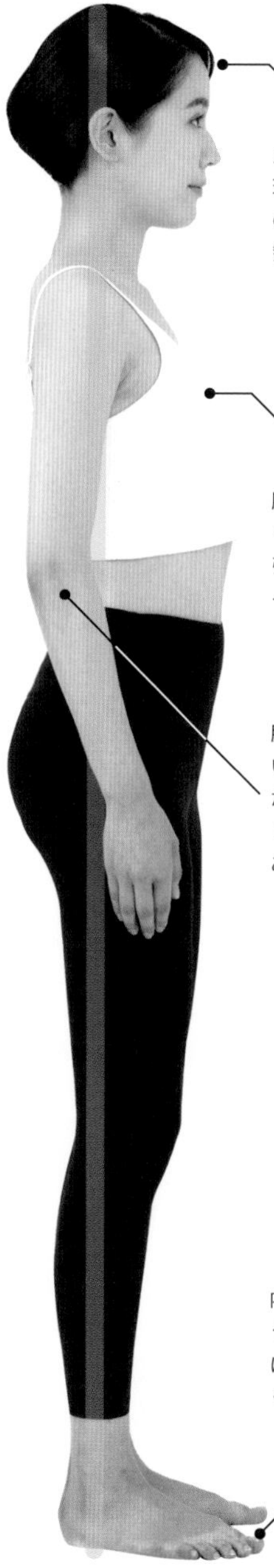

力んでいない、無理をしていない頭の位置が、よい姿勢を生む。

胸を反るのではなく、鎖骨を気持ち引き上げるようなイメージで。

腰は反りすぎない。壁を背に立ったとき、手のひら1枚分のすき間があくくらいが理想。

内股にならないように。足は、自然に30度くらい開くのがベスト。

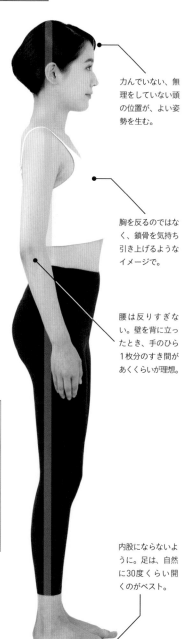

ゆがまない習慣❷ 正しい歩き方を心がける

お尻の筋肉を使えていない人が多い

人間は、進化の過程で二足歩行をするようになってから、四足歩行のときとは別の筋肉を使うようになりました。それが、「お尻」の筋肉です。

　余談ですが、四足歩行のゴリラは、体は人間の数倍にもなりますが、実は、お尻の筋肉はほとんど発達しておらず、人間よりもずっと小さいです。それほど、二足歩行をする人間にとって、お尻の筋肉を上手に使って歩くのが重要ということがわかりますね。

　つまり、「ゆがまない歩き方」とは、正しくお尻の筋肉を使う歩き方です。筋力が衰えたお年寄りは、ひざを軽く曲げたままペタペタ歩きがちになります。若い人でも、お尻の筋肉を使わずに、このような歩き方をする人がいます。

　こういう歩き方をすると、バランスをとるために、上半身が前かがみになります。ひざや股関節に負担がかかり、全身のゆがみの原因となるのです。

こうしよう！

正しい歩き方

“かかとから”
“大股で”を
まずは意識してみましょう

正しくお尻の筋肉を使って歩くためには、まず、足を着地するときはかかとから、を意識しましょう。かかとから踏みこむと、ひざが伸びやすくなり、自然とお尻の筋肉を使います。また、かかとから踏みこむことで、歩幅を広くとれるようになります。歩幅が広くなれば、自然とお尻の筋肉を使うことができます。

POINT

両足の幅を**1センチほど狭める**イメージで

両足の幅を1センチほど狭めるイメージをもつと、内ももの筋肉が働き始めます。すると、体幹が安定し、ブレずに歩くことができます。ただし、内股にならないように！

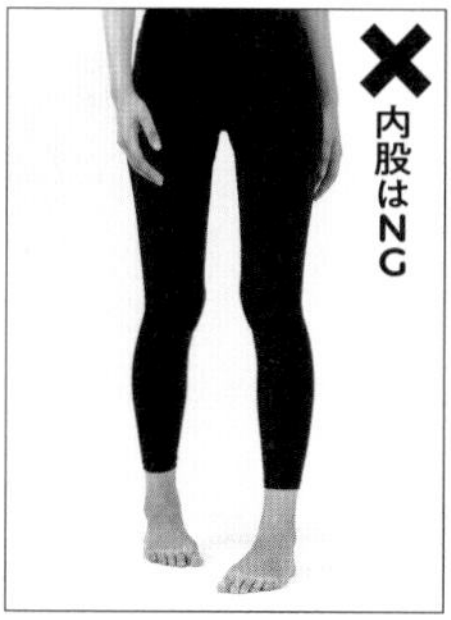
×
内股はNG

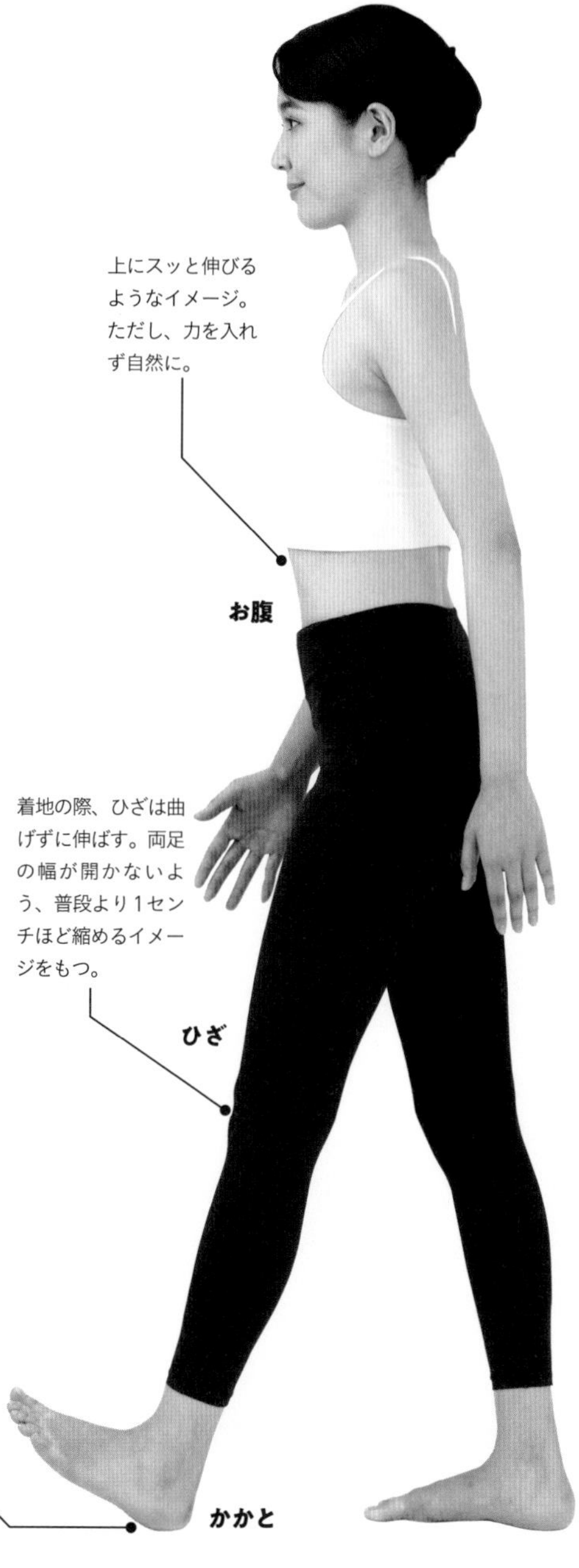
上にスッと伸びるようなイメージ。ただし、力を入れず自然に。
お腹
着地の際、ひざは曲げずに伸ばす。両足の幅が開かないよう、普段より1センチほど縮めるイメージをもつ。
ひざ
着地はかかとから、できるだけ大股で歩く。
かかと

ゆがまない習慣❸ 30分に1回は体を動かす

理想は、そもそも“硬くしない”こと

デスクワークでパソコンとにらめっこしたり、長時間、同じ姿勢でスマホを見ていると、首こりや肩こりを抱えがちです。なぜなら、筋肉は「同じ体勢で」「長時間いる」と硬くこわばるという性質があるからです。さらに、前かがみでいる時間が長いと、その姿勢でいるための筋肉が発達して、ゆがみが定着してしまいます。

1日の終わりに、ストレッチや運動をして筋肉をほぐすのは、とてもいいことです。ですが、すでに硬くなってしまった筋肉を、もとどおりのしなやかな状態に戻すのは、なかなか難しいもの。それよりも、筋肉が硬くなってしまう前に、こまめにほぐすことをおすすめします。

筋肉の性質からも、長時間のストレッチよりも、30分に1回、30秒でいいので、こまめに動かしたほうが、よい状態をキープしやすくなります。

こうしよう！

おすすめの**プチ運動**

上半身と下半身、それぞれおすすめのプチ運動を紹介します。
体を硬くしないために、30分に１回はやってみましょう！

上半身　肩《けん》甲《こう》骨《こつ》まわし

片方の手の指先を肩に乗せ、ひじを大きく後ろにまわします。左右、5回ずつ行いましょう。指を肩から離さないのがポイントです。そうすることで、肩甲骨が最大限に動き、肩だけでなく、首のこわばりもやわらげ、血流を促します。

下半身　足首パタパタ

足の指を持ち、足首を手前に曲げる、伸ばすをくり返します。左右、5回ずつで十分です。その場で足踏みをするのもよいでしょう。また、立ったまま動きまわることが多いなど、疲労が蓄積しやすい人は、ふくらはぎや太ももをストレッチするのがおすすめです。

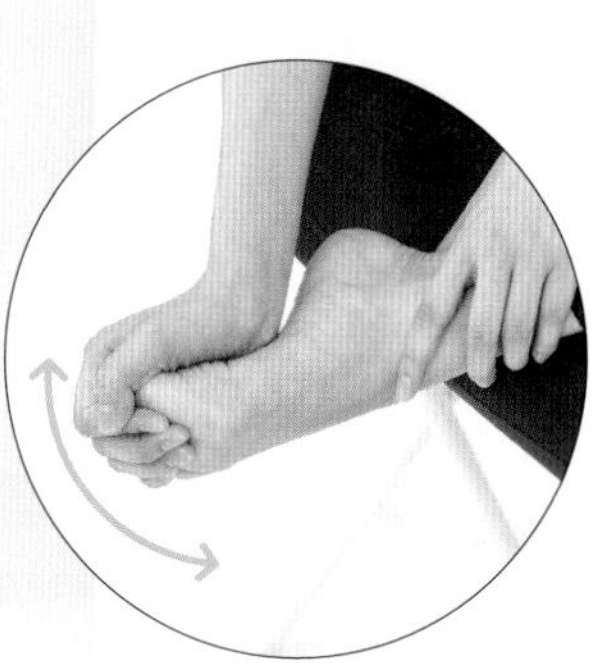

ゆがまない習慣 4 上下の歯を接触させない

集中しているとき、噛みしめやすくなる

何かに集中していて、ふと「あごが疲れた」と気づくことはありませんか。これは、知らず知らずのうちに、歯を食いしばっているのが原因かもしれません。

本来であれば、上下の歯がどこも接触していないのが、正しいあごの位置だと言われています。

それほど強く噛みしめなくても、上下の歯が軽く接触しているだけで、咀嚼筋が働きます。咀嚼筋に負担をかけ続けると、フェイスラインの左右差やエラの張り、そして、あごのゆがみにつながります。

1時間に1回は、自分が噛みしめていないか意識しましょう。そして、上下の歯と歯の間を1ミリでもよいので空けるようにしてみてください。

なお、寝ている間の食いしばりについては、まだ原因がわかっていないこともあり、意識して改善するのは難しいです。まずは起きている間の負担を減らしましょう。

PART 2

ゆがみを整える
ホームケア

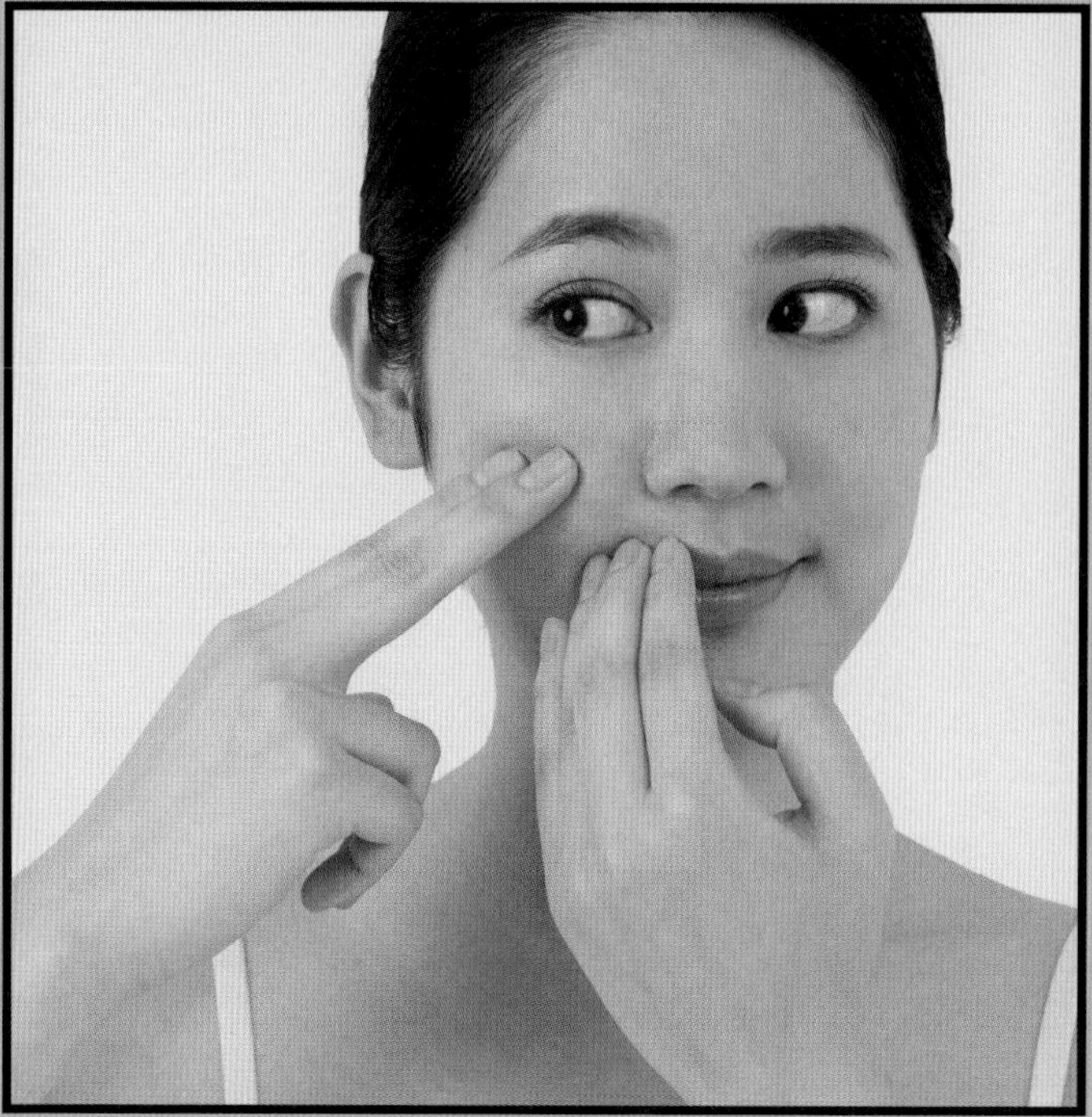

気になる「顔のゆがみ」を、1日3回のホームケアで解消しましょう。ここでは、特に悩んでいる人が多い6つのゆがみにアプローチ！　2週間、こわばった筋肉をほぐすケアを行うことで、本来の美しい自分と出会えるはず。

おうちで挑戦できる！

まずは2週間、続けましょう

ゆがみ専門サロン、「BIKOTSU ZERO」で行っている顔のゆがみの矯正技術は、一般の方だけでなく、さまざまな業界の方から支持されています。

そんな「顔のゆがみ」矯正技術を家庭で行えるようにアレンジしたのが、このパートで紹介するホームケアです。「顔のゆがみ」のもっとも大きな原因である、筋肉のこわばりをほぐすことで、左右のバランスを整えていきます。

このケアでは、痛みやつらさなどは、ほとんどありません。むしろ、こり固まった筋肉をほぐすことで、心地よく感じられるはずです。

このパートでは、ゆがみの中でも悩んでいる人が多い、6つのゆがみにフォーカスし、それぞれのケア方法を紹介しています。6つとは、「**あごのゆがみ**」「**目の高さの左右差**」「**口角の高さの左右差**」「**眉の高さの左右差**」「**エラ張り**」「**頬の高さの左右差**」です。

気になる部位のケアを選び、1日に3回ほど、やりやすいタイミングで行ってください。ホームケアによって、ゆがみを引き起こす根本的な要因が改善されます。すると、ゆがみの少ない、正しい状態が続くようになります。

もし、1回で劇的な効果が見られなくても、あきらめないでください。まず、**122ページからのセルフチェックシートを活用して、まず2週間は続けてみましょう**。2週間続けることで、何らかの変化や手応えを感じられます。

効果を高めるホームケアのPOINT 5

1日3回をめどに“続ける”ことが大切

ホームケアの最大の効果を期待するなら、続けることがとても重要です。日常生活でのクセなどから、ゆがみは日々、積み重なっていきます。そのため、間が空いてしまうと、効果を感じづらくなる可能性大。とはいえ、できないことにストレスを感じる必要はありません。気持ちを切り替えて続けましょう。

日をあけてときどきケアするだけだと、効果が出づらくなります。

ゆがみが強いほうを重点的に行う

ホームケアは、基本的に左右、同じ回数だけ行います。ただし「触ってみて、片方だけ痛い」「どちらかが極端にこわばっている」と感じる場合は、両サイドを行ったあと、気になるほうだけもう1セット行うようにしましょう。左右のバランスが整ってきたと感じたら、両方、同じ回数だけ行うようにします。

正しい位置を刺激するために、ケア方法をしっかり確認

顔の筋肉は、体と比較すると細かいため、ケアする位置がずれやすくなります。ミリ単位で細かく気にする必要はありませんが、効果を出すために、正しい筋肉に働きかけることは不可欠です。できるだけわかりやすく、イラストなどを交えて説明していますので、ケアをスタートする前にしっかり確認しましょう。

“イタ気持ちいい”くらいの強さがベスト

ホームケアの効果を最大限に引き出す力の加減の目安は“イタ気持ちいい”くらいです。痛いほうが効果があるような気がして、ゴリゴリ強めに行う人がいますが、強すぎると、筋肉が必要以上にこわばってしまいます。「痛すぎず」「ゆるすぎず」の、ほどよい強さがポイントです。

“ゆがまない習慣”をつねに意識する

ホームケアは「ゆがみを改善していくためのもの」です。ただし、生活習慣が「ゆがみ習慣」のままだと、せっかくケアで改善しても、もとに戻りやすくなったり、悪化しやすくなります。P.32から紹介している「ゆがまない習慣」を意識し、できる範囲で、ゆがみの悪化をスローダウンさせましょう。

INDEX

ゆがみが気になるのはどこですか？

「顔のゆがみ」に悩んでいる人の多くは、顔全体のゆがみよりも、「あごのライン」「左右の目の高さの違い」など、特定のポイントのゆがみに悩みがちです。PART2では、特に悩みを抱えている人が多い、6つのゆがみに対するケアを紹介します。

あごのゆがみ

→P.46

自分の顔を正面から見たとき、あごの位置が中心からずれている、フェイスラインが左右で違う、あごが左右どちらかに曲がっているなどにより、ゆがみに気づく人が多いです。あごのゆがみは、本書のセルフチェック（P.6～）でも確認することができます。

目の高さの左右差

→P.56

鏡に対し正面から向き合ったとき、首は傾いていないはずなのに、目の高さが左右で違うと悩む人がいます。左右の目じりの高さはそろっていますか？　目の高さの左右差は、左右の目の開き方や、大きさが違うといった悩みにもつながります。

口角の高さの左右差

→P.66

特に、写真に写る笑顔の自分を見て、口角の高さの左右差に気づく人が少なくありません。そのほか、メイク中に口角の角度が違うことに気づく人も。無表情のときの口角の下がり方が左右で違って見える、といった悩みを抱えている人もいます。

眉の高さの左右差

→P.76

メイクをしているときなどに、「眉の高さや位置が左右で違う」と感じる人が多いです。目の高さの左右差が原因では、と思われがちですが、「目の高さの左右差は気にならないけど、眉の位置だけが気になる」という人は少なくありません。

エラ張り

→P.84

エラが張ると、耳からあごのラインがボコッと横に広がり、顔が大きく見えるという悩みにつながります。また、フェイスラインが角ばって見えがちに。エラ張りを整えることで、本来の自分のフェイスラインを取り戻すことができます。

頬の高さの左右差

→P.92

笑顔になったときなどに、左右の頬の高さの違いに気づく人が少なくありません。また、左右、どちらかの頬が出っ張っている、もしくは引っこんでいると気にする人も。ほうれい線の位置や深さが違うという悩みも、頬の高さの左右差に関係します。

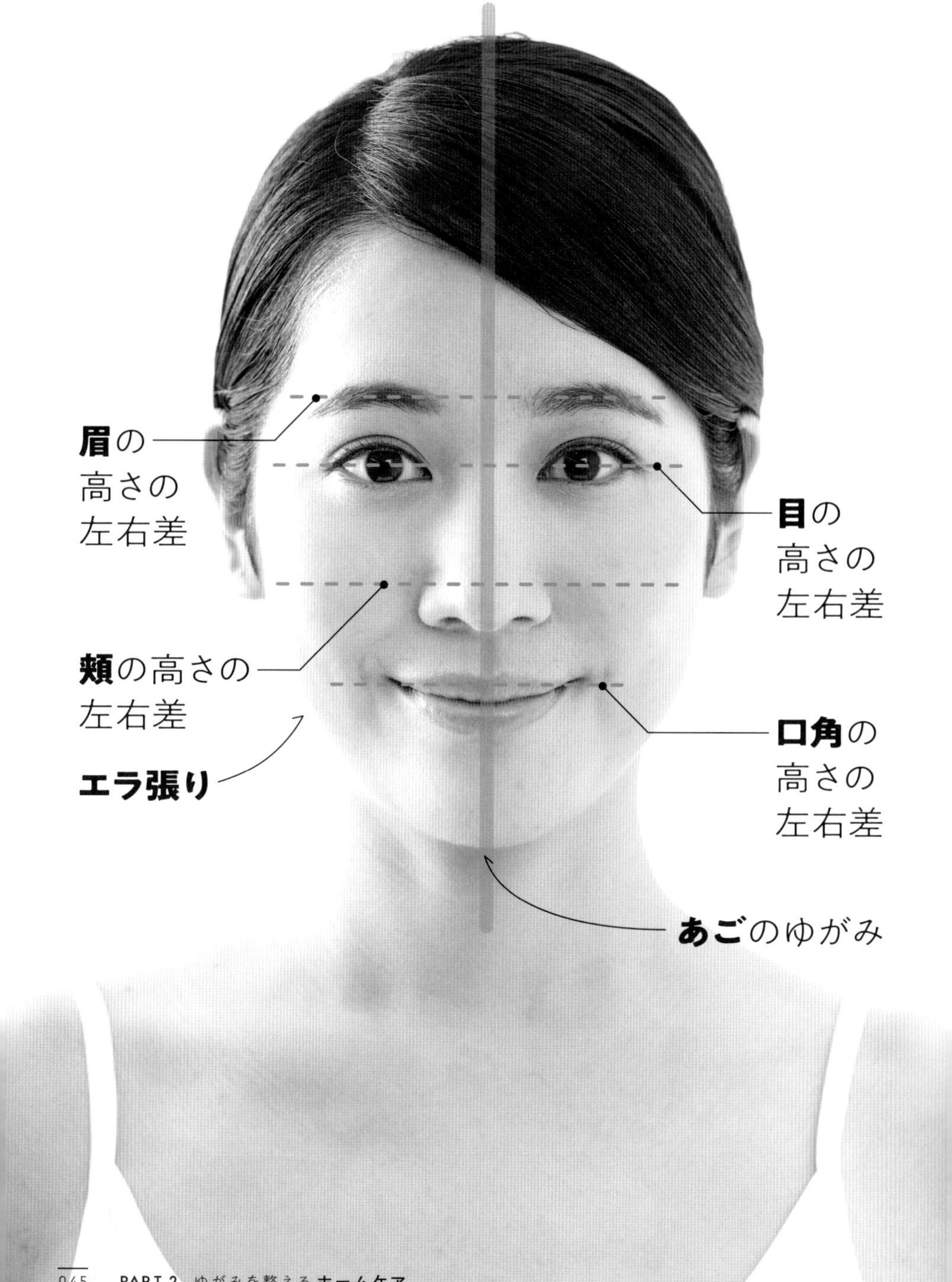
眉の高さの左右差
目の高さの左右差
頬の高さの左右差
口角の高さの左右差
エラ張り
あごのゆがみ

ゆがみケア ❶

「あごのゆがみを整える」

下《か》顎《がく》骨《こつ》は頭部にある骨格の中で唯一大きく動くので、日々のゆがみやすい習慣の影響をダイレクトに受けます。あごの動きを支える3つの筋肉をほぐし、左右のバランスを整えましょう。

あごがゆがむ大きな理由

食べものを噛むとき、
左右で**噛む回数**に差がある

あごのゆがみの大きな要因になるのが、片側ばかりで食べものを噛むこと。左右の噛む回数に差が出ると、“使う側” と “使わない側” の筋肉に偏りが生まれます。

↓

咀《そ》嚼《しゃく》筋《きん》のこり方に左右差が出る

↓

“使う側”は下顎骨が前方に引っ張られる

“使わない側”は、下顎骨が後方に引っ張られる

↓

回《かい》旋《せん》により、**あご**がずれてしまう

下顎骨が前に、後ろに引っ張られることで、回旋し、その結果あごが中心からずれてしまいます。あごのゆがみは、ほぼすべての顔のゆがみに影響を及ぼします。

あごのゆがみは、もっとも悩んでいる人が多く、そして根が深いゆがみです。その最大の理由として、頭部の骨格の構造があげられます。

頭部の骨格は、脳を守る「脳頭蓋《のうずがい》」と、顔面を形成する「顔面頭蓋《がんめんずがい》」に分かれています。

体の骨は、可動域がある「関節」によってつながっています。しかし、頭部の骨格は、人間にとって非常に大切な脳を守る大切な役割を担うもの。動く必要がないため、「縫合《ほうごう》」によってしっかりつながっていて、外部からの刺激で動かすことはできません。

そのため、頭部には骨と骨を繋ぐ関節がほとんどないのですが……実は、1つだけ（左右で2つ）、関節が存在しています。それが、「顎関節《がくかんせつ》」です。顎関節は、耳の前方部に位置し、喋るとき、モノを食べるときなど、下顎骨を動かすときに使われます。

つまり、頭部の骨格の中で、唯一独立した動きをするのが、下顎骨ということ。唯一動くからこそ、ゆがみが起き

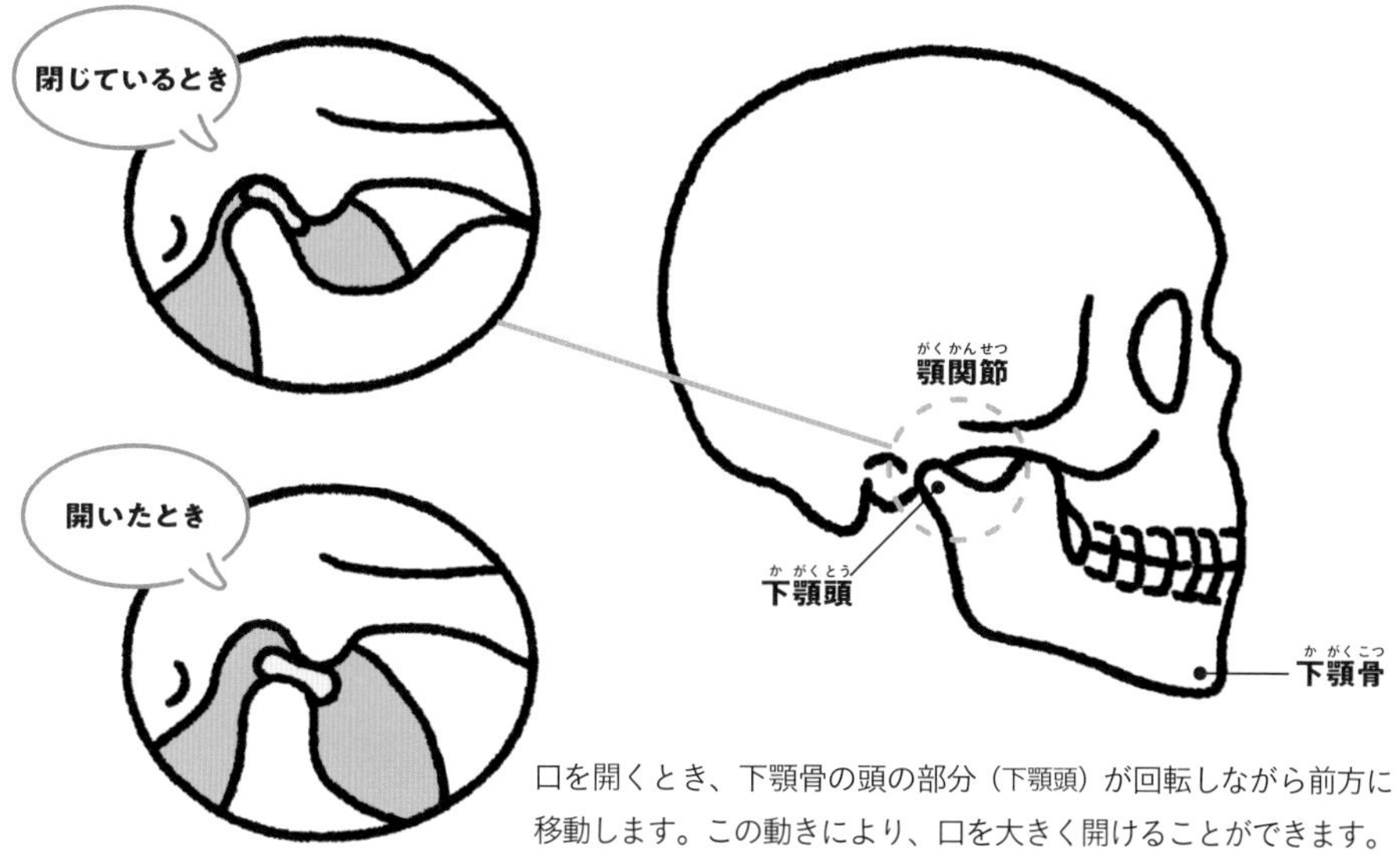

口を開くとき、下顎骨の頭の部分（下顎頭）が回転しながら前方に移動します。この動きにより、口を大きく開けることができます。

やすいのです。さらに、口角の高さの左右差や目の高さの左右差など、ほかの多くのゆがみの要因にもなります。

下顎骨は、主にモノを食べるときに使われる「咀嚼筋」に引っ張られています。「右側ばかりで噛む」など、咀嚼筋の使い方に左右差が生まれると、下顎骨を引っ張る力にも、また左右差が出てしまいます。

つまり、この咀嚼筋にアプローチしてほぐして左右差をなくすことで、下顎骨はもとの位置に戻りやすくなるのです。

アプローチする筋肉は、主に３つあります。１つめが、モノを噛むときに使う「**咬筋**《こうきん》」です。歯を食いしばったとき、あごのつけ根で硬くなる筋肉です。

２つめが、口を開けたり、あごを前に突き出すときに使われる「**外側翼突筋**《がいそくよくとっきん》」です。「外側翼突筋」は、関節をつなぐ筋肉のため、外側からは、触ったりほぐしたりすることはできません。

３つめは、耳の上に広がる大きな筋肉、「**側頭筋**《そくとうきん》」です。モノを噛んだり、あごを左右に動かすときなどに働く筋肉で、咬筋に左右差が出ると、影響を受けてバランスを崩します。

アプローチするのはここ！

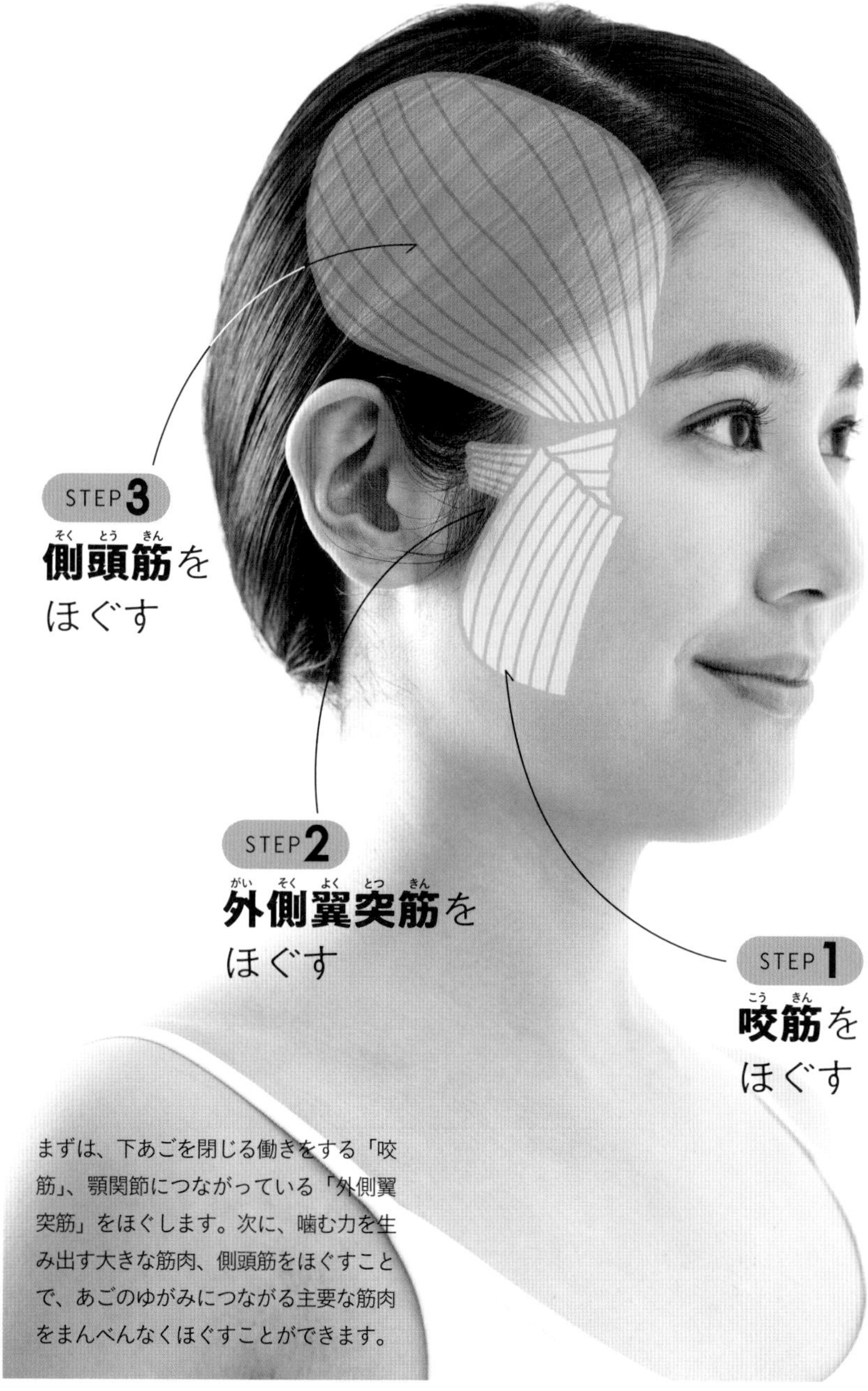

まずは、下あごを閉じる働きをする「咬筋」、顎関節につながっている「外側翼突筋」をほぐします。次に、噛む力を生み出す大きな筋肉、側頭筋をほぐすことで、あごのゆがみにつながる主要な筋肉をまんべんなくほぐすことができます。

STEP 1

咬《こう》筋《きん》を内側からほぐす

咬筋は外側からほぐすより、内側から
ダイレクトに触れるほうがしっかりほぐせます。

1 人差し指を歯に沿うように入れる

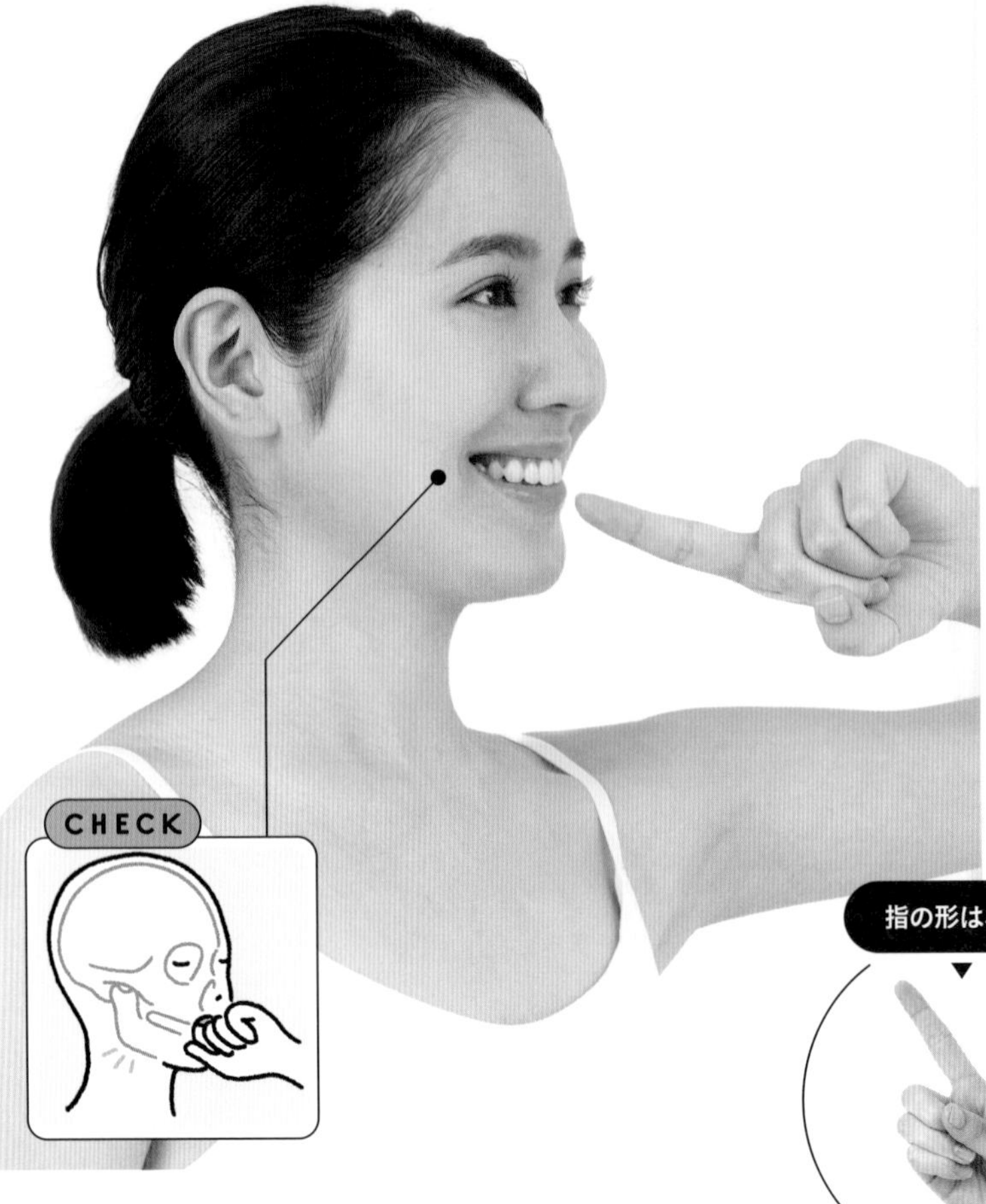

人差し指のつめ側を、上の歯ぐきに沿わせるように指を奥まで差しこみます。右側は左手、左側は右手がやりやすいでしょう。硬い部分（骨）に触れたら、指先を頬側にずらすと、さらに、もう少しだけ指が奥に入ります。そのとき指のはらが触れているのが咬筋です。

指の形はこう!

ほかの指がジャマになることなく、使いやすいのが人差し指です。何かを指差すように、まっすぐ伸ばし、残りの指は握っておきましょう。

2 深い呼吸をくり返す

指は咬筋に触れたまま、鼻から吸って鼻から吐く、深い呼吸を5回くり返します。背筋はまっすぐ伸ばしましょう。普段よりも深い呼吸を意識して、ゆったり、吸ったり吐いたりします。反対側も同様に行います。

深呼吸 5回

CHECK

ケアする位置が正しいか不安な方はこちらの動画をご確認ください。

POINT

歯ブラシを使ってもOK！

つめが長い人やネイルをしている人、もしくは、口の中に指を入れることに抵抗がある場合は指でなくてもOK。代わりに歯ブラシのような細長いモノを使い、正しい位置を押さえましょう。

咬筋とは…

モノを噛むときに使われる「咀《そ》嚼《しゃく》筋《きん》」の一つです。下あごの外側にあり、下あごを支え、上に引き上げて歯を噛み合わせ、モノを噛み砕く役割をもちます。

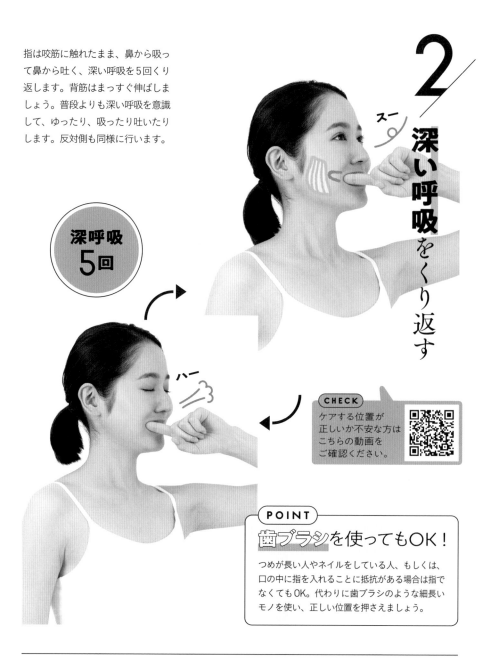

STEP 2

外《がい》側《そく》翼《よく》突《とつ》筋《きん》を内側からほぐす

咀嚼筋の大きな筋肉の一つです。

深層にあるので、内側からほぐしましょう。

1

小指を歯に沿うように口内に入れる

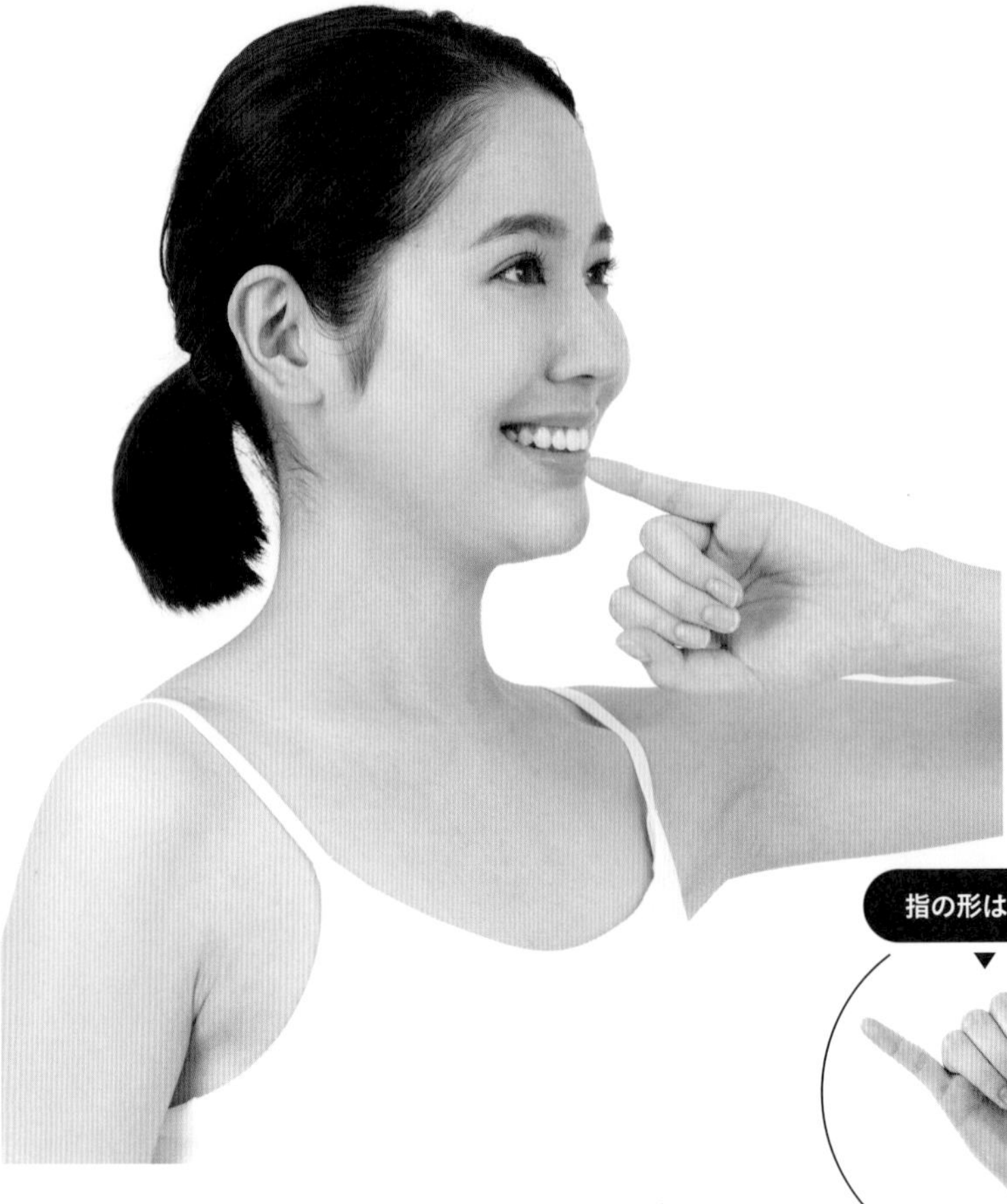

指の形はこう!

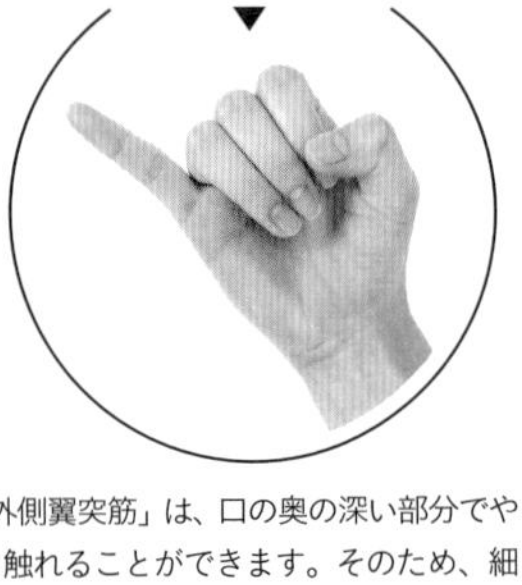

「外側翼突筋」は、口の奥の深い部分でやっと触れることができます。そのため、細くて奥まで入れやすい小指を使います。小指を立て、ほかの指は握っておきましょう。

小指のつめ側を上の歯ぐきに沿わせるように、指を口内の奥まで差しこみます。右側は左手、左側は右手で行いましょう。硬い部分（骨）に触れたら、指先を歯ぐき側にずらすと、さらに指が奥に入ります。P.50の咬筋は外側でしたが、「外側翼突筋」の場合、骨に当たったら、〝内側〟にずらしてください。

2 深い呼吸をくり返す

深呼吸 5回

CHECK

ケアする位置が正しいか不安な方はこちらの動画をご確認ください。

小指の先を外側翼突筋に触れさせたまま、鼻から吸って吐く、深い呼吸を5回くり返します。背筋はまっすぐ伸ばしましょう。反対側も同様に行います。

POINT

STEP 1 と STEP 2 は入浴中にやると◎

「咬筋」、そして「外側翼突筋」をほぐすケアは、どちらも口の中に指を入れて行います。そのため、この2つは、入浴中にまとめて行うのがおすすめ。入浴中に行うことで、すぐに指を清潔にできます。

外側翼突筋とは…

頭蓋骨の中心に位置する「蝶形骨《ちょうけいこつ》」と顎関節を結ぶ、「咀嚼筋」の一つ。口を開けたり、下あごを前や横に動かす機能をもちます。顎関節に付着しており、こわばると顎関節の異常を引き起こしやすくなります。

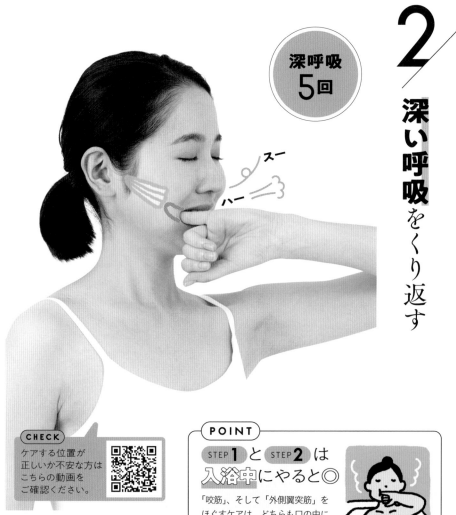

STEP 3 側《そく》頭《とう》筋《きん》をこぶしでほぐす

顎関節と密着していて、顔の広い範囲に影響を及ぼす、側頭筋をほぐしましょう。

1 耳の上、こめかみにこぶしを当てる

指の形はこう!

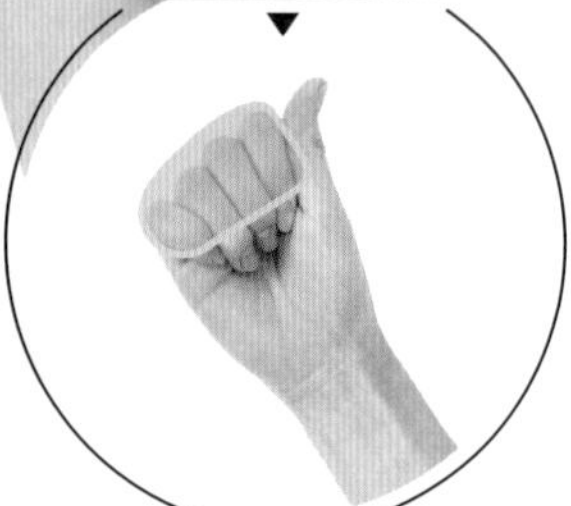

まずは、側頭筋の位置を確認しましょう。こめかみに手を当てながら、奥歯を軽く2〜3回噛みしめてください。噛みしめたときにピクピク動くのが、側頭筋です。側頭筋の場所を見つけたら、両手を軽く握り、左右のこめかみに、人差し指から小指までを押し当てます。

こぶしを握って「グー」の手をつくります。親指以外の4本の指の第一関節と第二関節の間の部分を使います。親指は外側にそえましょう。

2

上に向かって3か所、細かくグリグリする

①

②

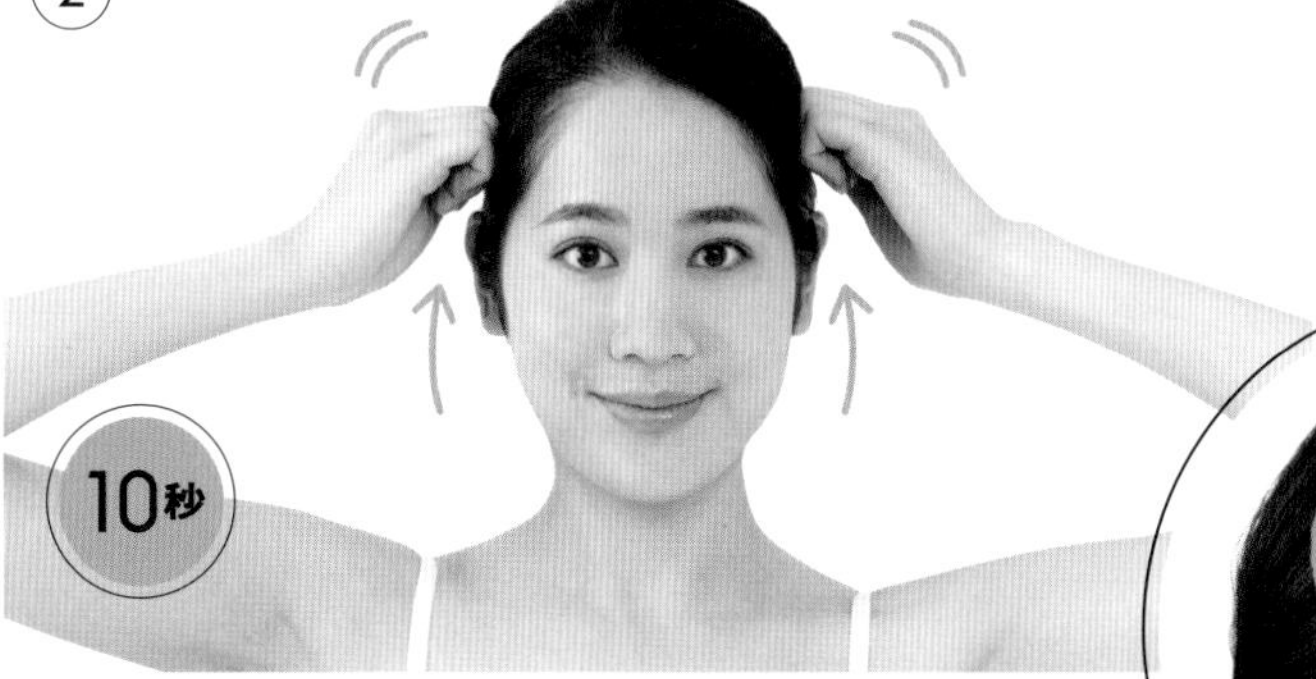

③

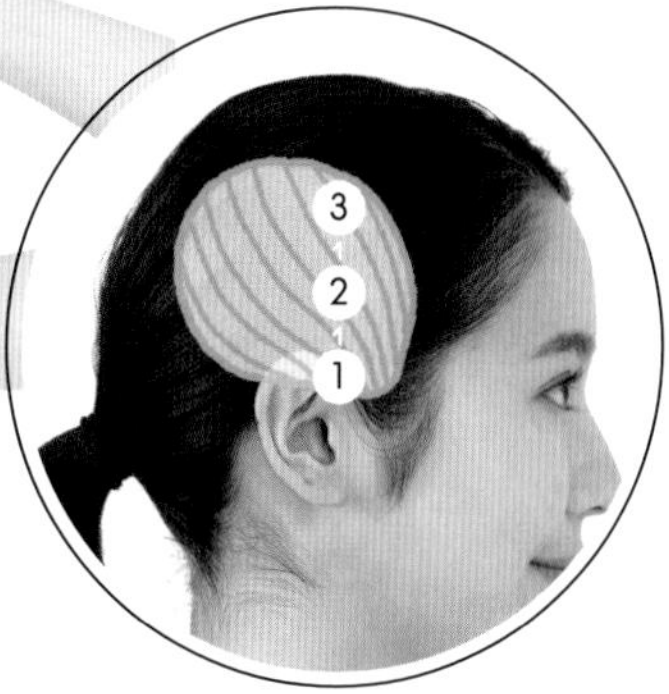

「こめかみの上」、そしてその3センチ上、さらにもう3センチ上の3か所を10秒ずつ、こぶしでグリグリと、円を描くようにマッサージします。側頭筋は大きな筋肉なので、こぶしを当てる位置は、だいたいでOKです。

側頭筋とは…

側頭筋は「咀嚼筋」の一つで、耳の上に扇形に広がっています。下顎骨を後方に引っ張る役割があり、咬筋などのほかの咀嚼筋とともに、下あごを閉じる働きをします。下顎骨までついている大きな筋肉で、さまざまな骨とつながっています。

ゆがみケア ❷

「目の高さの左右差を整える」

美しい顔バランスの決め手の一つといえるのが、左右の高さがそろった目。
正面から見ても、左から見ても、右から見ても、きれいなバランスを目指しましょう。

目の高さの左右差が出る大きな理由

あごのゆがみ

→P.46

あごのゆがみ＝下《か》顎《がく》骨《こつ》のズレは、目の高さの左右差にも大きな影響を及ぼします。

体の片側ばかり使いがち

腕を片側ばかり使う、片方の肩でしかバッグを持たないなど、左右どちらかを酷使していると……。

↓

神経がつながっている**首**に影響し、**首の片側**のこりが強くなる

↓

首とつながっている**目**に影響が出る

目の神経は、首と間接的につながっています。首の片側のこりが強くなると、そちら側の眼神経にも影響し、血流が悪くなったり、疲労が溜まりやすくなります。

↓

目の疲れに左右差が生まれ、**ゆがみ**につながる

目のまわりの筋肉の負荷にも左右差が生まれ、片側だけ目もとが引っ張られたり、目の開きが左右で異なったりします。左右の目で視力に大きな差がある人も、目の高さの左右差が起こりがちです。

目の高さの左右差にも、下顎骨のズレ……つまり、あごのゆがみが影響しています。特に、偏った咀嚼《そしゃく》はあらゆるゆがみの原因になるので、すぐにでも改善しましょう。

目の高さの左右差について悩む人のなかには、「骨格の問題では？」ということで、改善できないと考えている人が多くいます。しかし、解剖学的に考えると、３つのポイントに働きかけることで、ホームケアでも十分にゆがみを整えることができます。

そのために、まずは右ページのチャートを見ながら、ゆがみの原因を探りましょう。

私たちの目には、目を動かすための筋肉と、それを支配する動眼神経があります。ゆがみの要因は、筋肉の硬さの左右差です。首や肩、腕は間接的に目、並びにそれを支配する動眼神経とつながっています。一見関係がなさそうな体のこりが、目の高さの左右差を引き起こす要因となるのです。

なお、目の疲れもまた首や肩、腕のこりや重だるさに大きく影響を及ぼします。ここで紹介するホームケアとあわせて、片側ばかり酷使する「ゆがみ習慣」も、意識して改善することが大切です。

ホームケアとしては、頭部の骨をつなぐ「**鱗状縫合**《りんじょうほうごう》」、前頭部の大きな筋肉「**前頭筋**《ぜんとうきん》」、頭部を構成する主要な４つの骨のつなぎ目「**プテリオン**」にアプローチします。

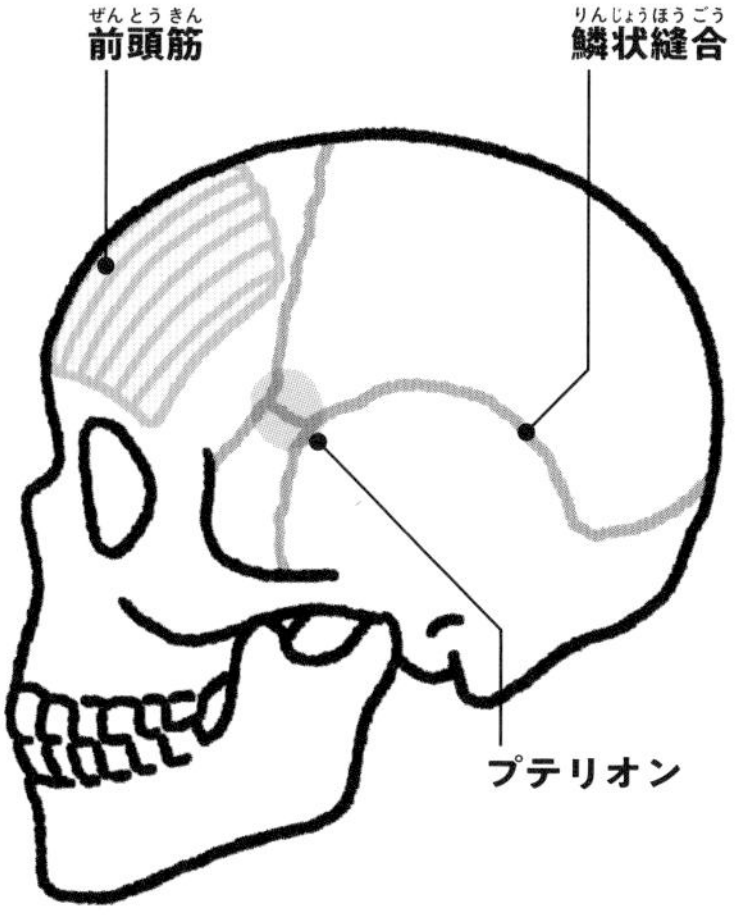

鱗状縫合は、あごのゆがみでアプローチした「側頭筋《そくとうきん》」と密接に関係しています。この部分がこると、目のまわりが引っ張られ、目の高さの左右差の原因となります。

前頭筋は、頭の前部分からおでこ、そして鼻の根元に広がる大きな筋肉です。眉を持ち上げる、目を見開くときなどに使います。

首や肩にこりがあり、頭部への血流が不足したり、パソコンやスマートフォンなど電子機器の見過ぎなどで目を酷使したりすると、前頭筋は酸素不足になり、硬くなります。

さらに、実は目の酷使もゆがみの要因になります。前頭筋をなるべく硬くさせないように、電子機器の使用時間を減らすことも、ゆがみ改善のためには大切です。

1つめの鱗状縫合、3つめのプテリオンは骨と骨との〝つなぎ目〟で、筋肉のこりや疲労が溜まりやすいとされています。集中的にケアすることで、周辺の筋肉をまんべんなくほぐすことができます。

ケアをする際は、ぜひあごのゆがみの3つのケアも一緒に行ってください。そうすることで、効果を最大限に高めることができます。

アプローチするのはここ！

まずは、頭部の骨をつなぐ「鱗状縫合」をほぐして、周辺の筋肉の緊張をゆるめます。次に、目の上の「前頭筋」のこわばりをほぐし、最後にこりや疲労が溜まりやすい「プテリオン」をプッシュしましょう。

STEP 1

鱗《りん》状《じょう》縫《ほう》合《ごう》をこぶしでゆるめる

「鱗状縫合」には、こりが溜まりやすいです。
こぶしでゆっくりほぐし、ゆるめましょう。

耳の上、つけ根の部分に人差し指を当て、中指、薬指をそえます。「鱗状縫合」は、薬指あたりにあります。こめかみ付近から、10センチほど後ろに走るラインです。そのラインにかぶせるようにこぶしを当てます。指の外側が、鱗状縫合を覆うようにしましょう。

1

耳の上、こめかみあたりにこぶしを当てる

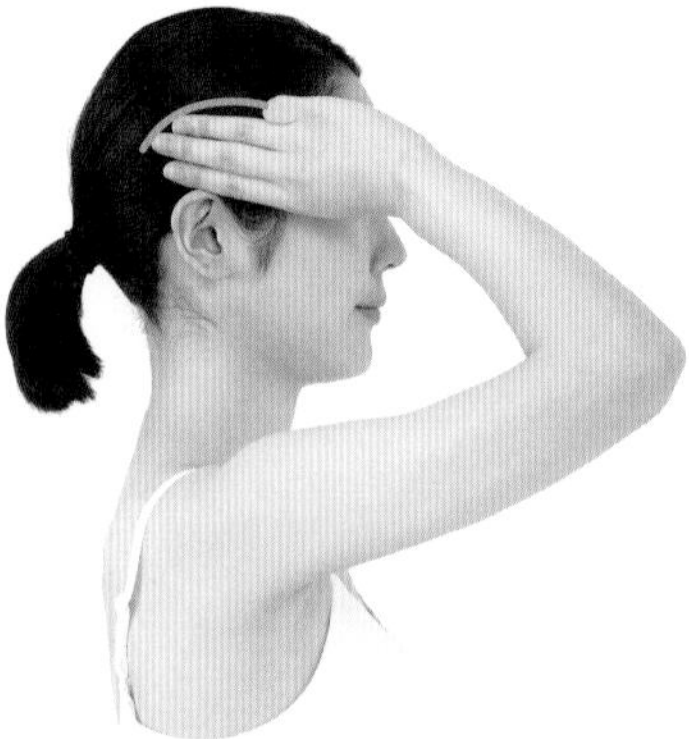

指の形はこう!

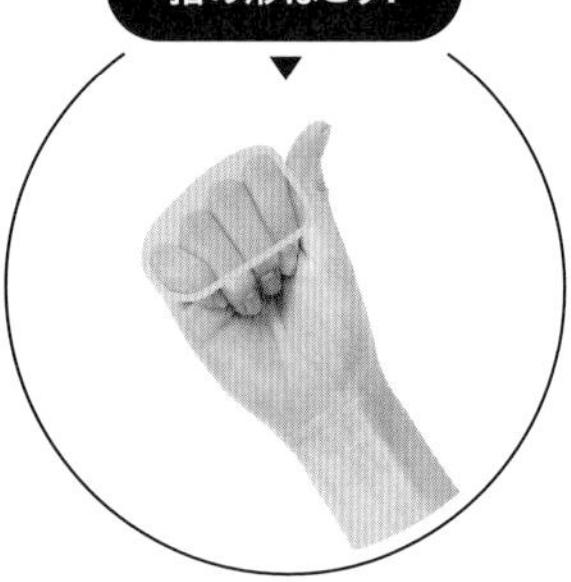

こぶしを握って「グー」の手をつくります。親指は外側にそえましょう。指の第一関節と第二関節の間の部分を使います。

3か所
×
10秒ずつ

2

後頭部に向かって細かくグリグリする

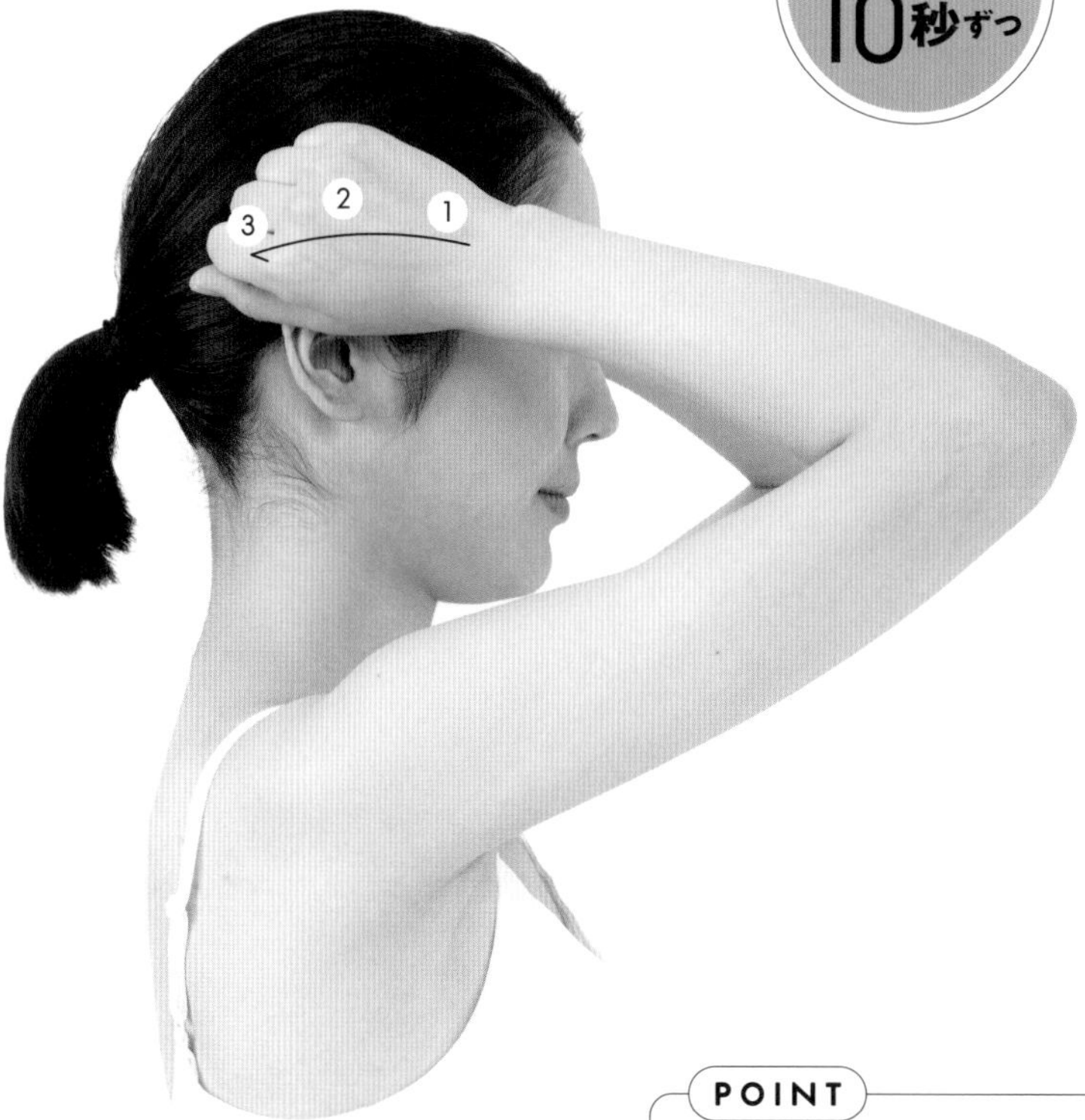

スタートはこめかみから。鱗状縫合に当てたこぶしを、上下に細かく、10秒間動かしてほぐします。その後、指2本分くらい後ろにずらして10秒、さらに指2本分後ろにずらして10秒ほぐします。

POINT

ずんとする
感じがすればOK！

鱗状縫合の位置は、外側から触ってもわかりにくいです。そのため、正確な位置を見極めようとするより、こぶしでほぐしたときに、「ずん」と響くような感じがしたら、場所はあっていると考えてOKです。

鱗状縫合
とは…

「鱗状縫合」とは、頭部の骨のつなぎ目部分のことです。骨どうしが、うろこのように重なっていることから、「鱗状縫合」という名で呼ばれます。こういった骨と骨のつなぎ目には、こりが溜まりやすいとされます。

STEP 2

前《ぜん》頭《とう》筋《きん》をこぶしでほぐす

おでこ全体を覆う前頭筋。こわばりやすく、
目の高さの左右差の要因となります。

1 眉の上あたりに こぶしを当て、細かくグルグル

10秒

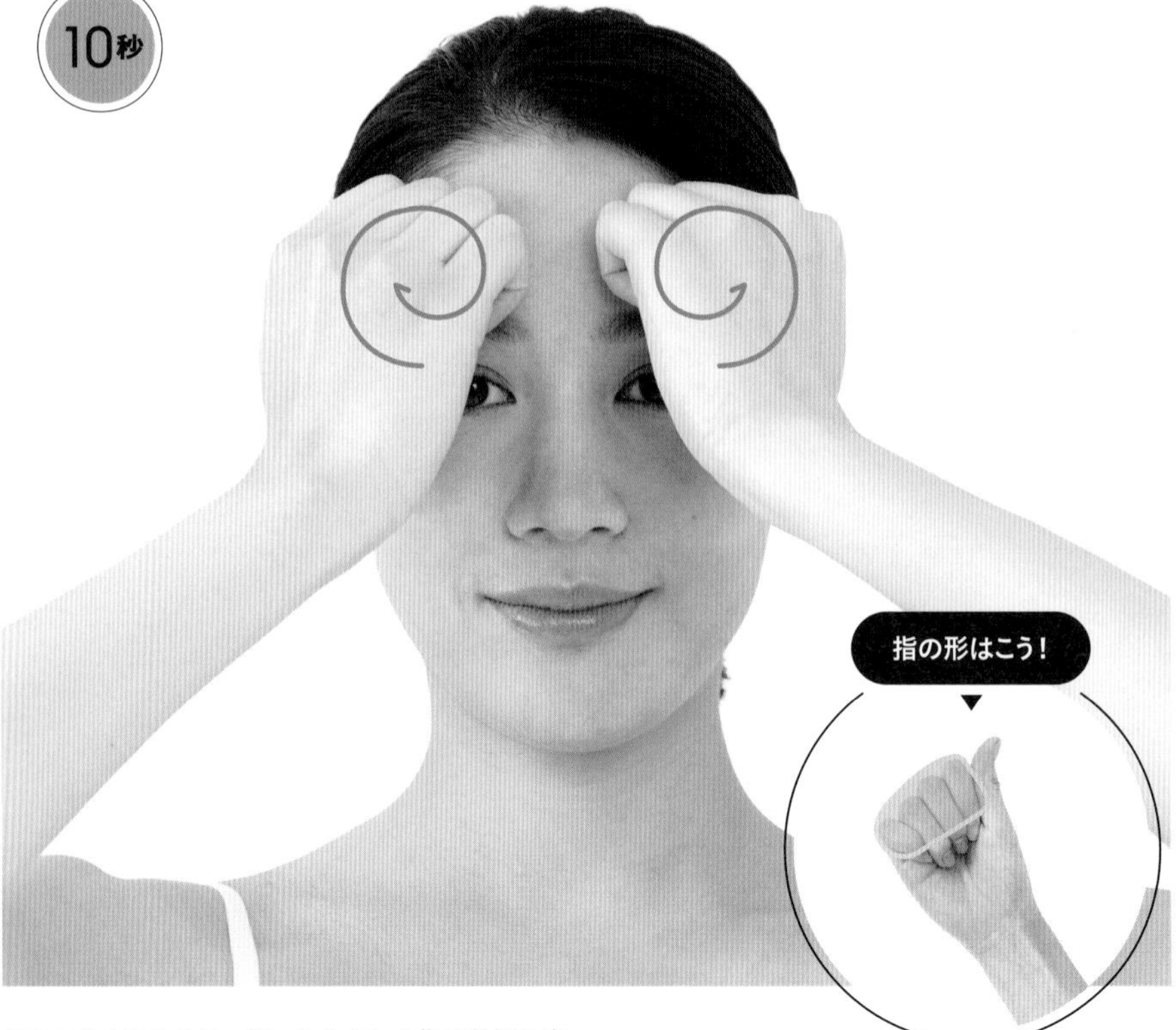

眉のすぐ上あたりに、握ったこぶしの指の外側を当てます。おでこの皮膚の表面をなでたり、こすったりするのではなく、皮膚の奥にある筋肉をしっかりほぐすように、10秒間細かくグルグル円を描きます。

こぶしを握って「グー」の手をつくります。親指は外側にそえて、指の第一関節と第二関節の間の部分の外側を、おでこに軽く押し当てます。

2 生えぎわに向かって細かくグルグルする

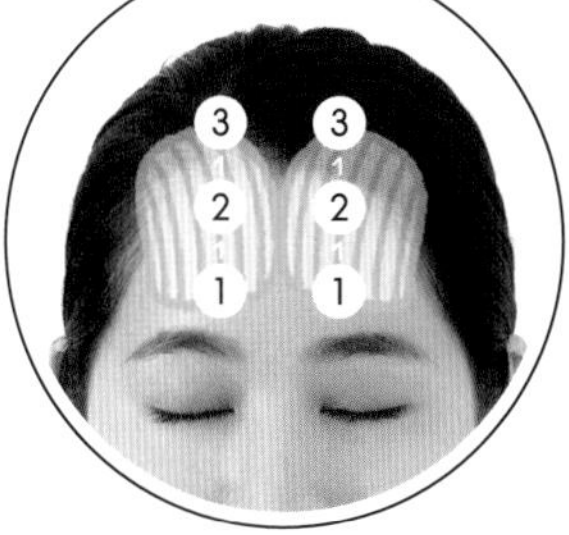

指を上にずらし、おでこの中央あたりにこぶしを当てて、筋肉をほぐすようにグルグルと10秒、円を描きます。最後に生えぎわにこぶしを当てて、10秒ほどグルグルと円を描いて、ほぐしましょう。

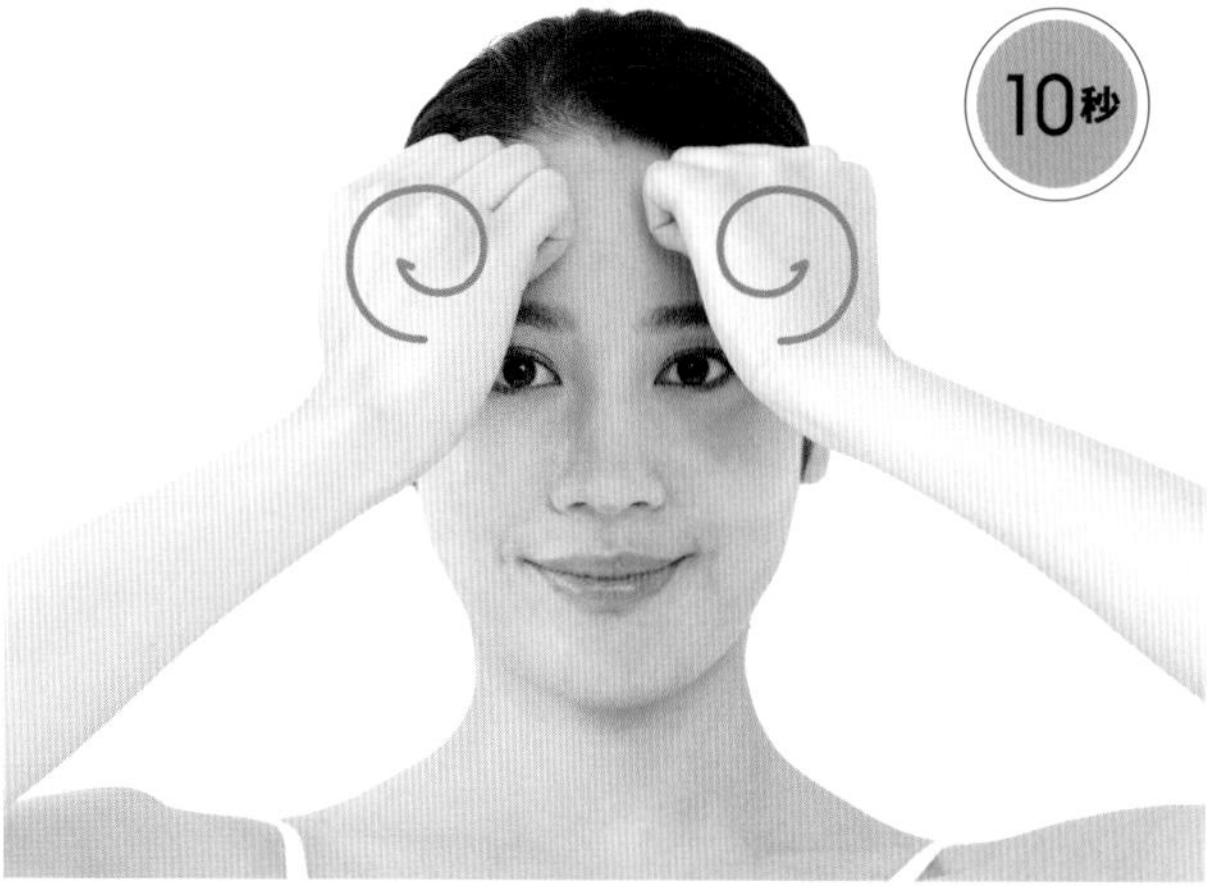

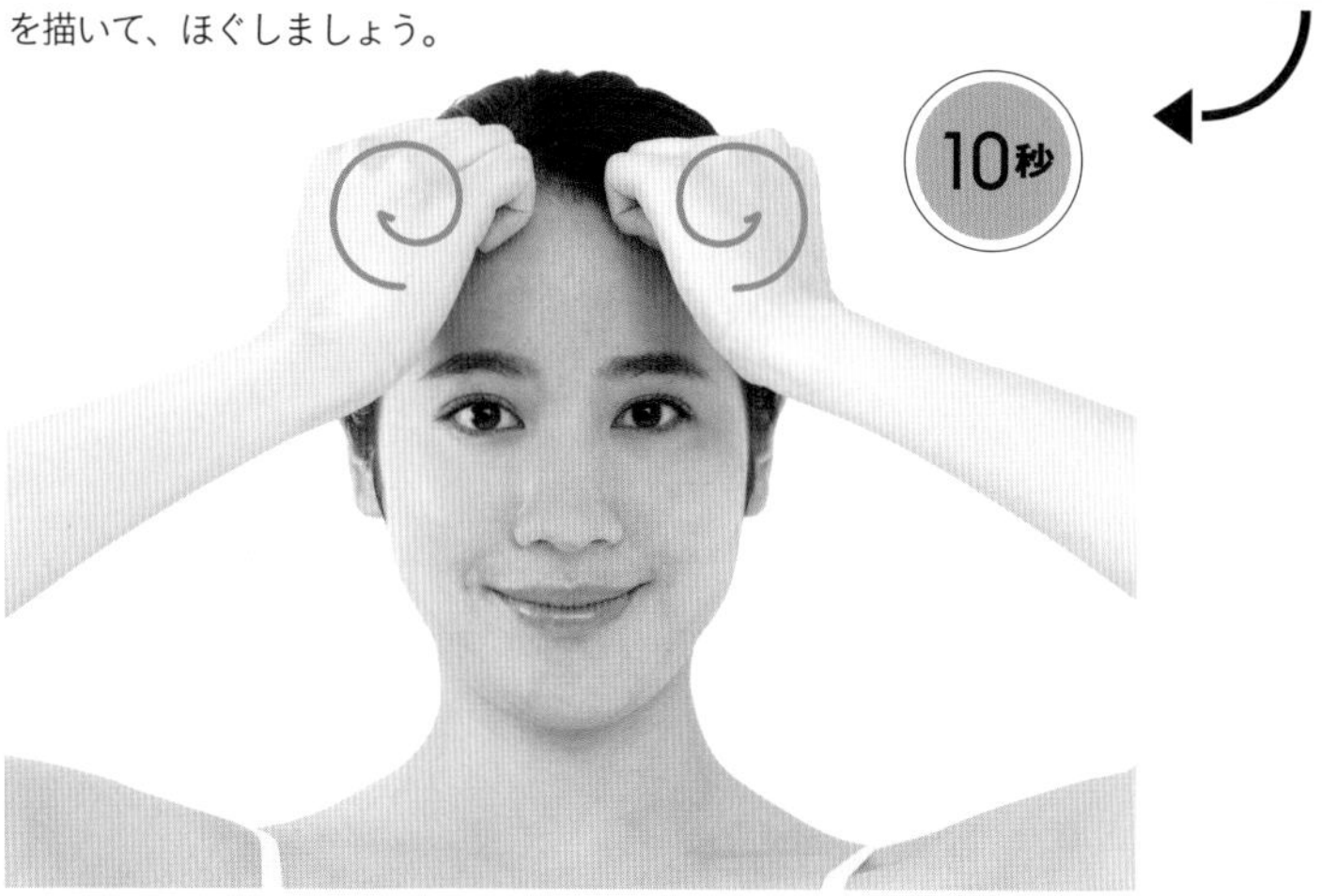

前頭筋とは…

前頭筋は、20種類以上もある顔の表情をつくる「表情筋」の一つです。眉毛の上から伸びて、前頭部からおでこに広がる大きな筋肉で、頭部と顔をつないでいます。この筋肉がこわばると、目の高さや大きさ、眉の高さなどにも影響を及ぼします。

STEP 3

プテリオンをグルグルとプッシュ

頭部の 4 つの骨のつなぎ目、プテリオン。

こりが集中しやすいので、徹底してほぐしましょう。

1 眉の終わりに人差し指と中指をそえる

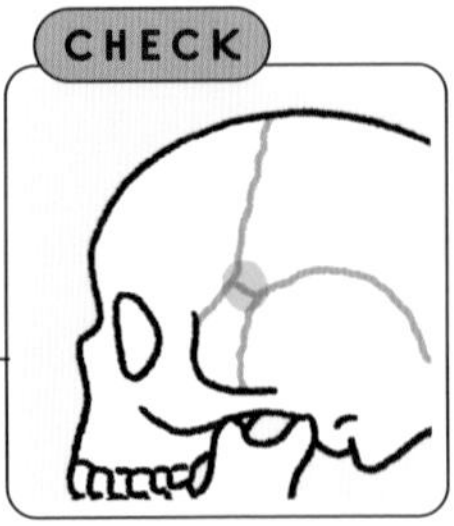

指の形はこう!

眉が終わったところに、中指をセットします。そこに人差し指をそえましょう。右側は右手、左側は左手でケアを行います。

人差し指と中指をまっすぐそろえて伸ばします。指はぴったりとくっつけてください。残りの3本の指は、握っておきましょう。

2 2本の指でグルグルと大きな円を描く

10秒

指の位置はそのまま、人差し指と中指、２本でグルグルと大きな円を描きます。10秒ほど行ってください。「ずん」と響く感じがあれば、正しく刺激できています。反対側も同様に行いましょう。

プテリオンとは…

頭部を構成する主な４つの骨のつなぎ目です。さらに、側頭筋などの筋肉が集まる要所。ここをほぐすことで、目のまわりだけでなく、顔全体によい影響があります。

ゆがみケア ③

「口角の高さの左右差を整える」

ニコッと笑ったとき、口角の左右の高さが違うことに悩んでいる人も多いです。
喋り方、笑い方のクセから、ゆがみが引き起こされるケースも！

口角の高さの左右差が出る大きな理由

あごのゆがみ

→P.46

口角は下《か》顎骨《がくこつ》に位置するため、あごのゆがみの影響をダイレクトに受けてしまいます。

"つくり笑い"をすることが多い

営業や接客など、仕事がらつくり笑いをしている時間が長い人は、口角の高さに左右差が出やすいです。

口のまわりの筋肉がこわばりがちに

普通に楽しくて笑うときと違い、つくり笑いでは、長時間、自分の意志で口角を上げます。そのため、口のまわりの筋肉に疲労感が出やすいです。

口角を引っ張る**左右の筋肉**に差が出て、**口角の高さ**が変わってしまう

口角を左右同じように上げ続けるのは難しいもの。口のまわりの筋肉の疲労感に左右差が生まれると、口角を引っ張る力が左右非対称となり、高さがそろわなくなります。

「笑ったとき、片方だけ口角が下がっている」など、鏡や写真で、またはオンライン会議のときなどに、自分で気づきやすいのが口角の高さの左右差です。

口角の高さに左右差が出てしまう理由は、大きく3つあります。

もっとも大きな理由は、あごのゆがみです。下顎骨がずれていると、特に口のまわりの筋肉の張り方に偏りができ、口角の高さに左右差が出やすくなります。そのため、口角の左右差の解消は、あごのゆがみのケア（46ページ）と一緒に行うことで、より高い効果が期待できます。

次に、口角を動かす筋肉の状態に左右差があることです。口角の高さの左右差は、つくり笑いを頻繁にする人に出やすいです。通常、笑うときは、何かおもしろいことがあって、短時間だけ「アハハ！」と笑いますよね。ところが、営業や接客などの場合、長時間、自分の意志で口角を上げ続けなければなりません。そうすると、どうしても口のまわりの筋肉の疲労に左右差が生まれやすくなります。

ここで紹介する3つのケアは、いずれも口角のまわりの筋肉の状態の左右差を解消するものです。

アプローチする筋肉は3か所です。1つめは、口角を引き上げる「**頬骨筋**《きょうこつきん》」、2つめは、口角を下に引き下げる役割をもつ「**口角下制筋**《こうかくかせいきん》」、そして3つめは、笑うときに、口角を横に広げる役割をもつ「**笑筋**《しょうきん》」です。

そのどれか、もしくはいずれも、話し方、笑い方のクセなどで偏って使うことにより、左右のどちらかが極端にこわばります。これらの筋肉をほぐすことで、口角を左右から引っ張る力が均等になり、高さがそろいやすくなります。

さて、口角の高さに左右差が出る理由は、大きく3つあるとお伝えしました。最後の理由は、「歯並び」です。歯並びが極端に悪かったり、噛み合わせがずれていたりすると、口角の位置にまで影響を及ぼす場合があります。もし、ここで紹介するケアでは効果が実感できず、歯並びや噛み合わせが大きな原因だと思われる場合は、歯科医に相談しましょう。

アプローチするのはここ！

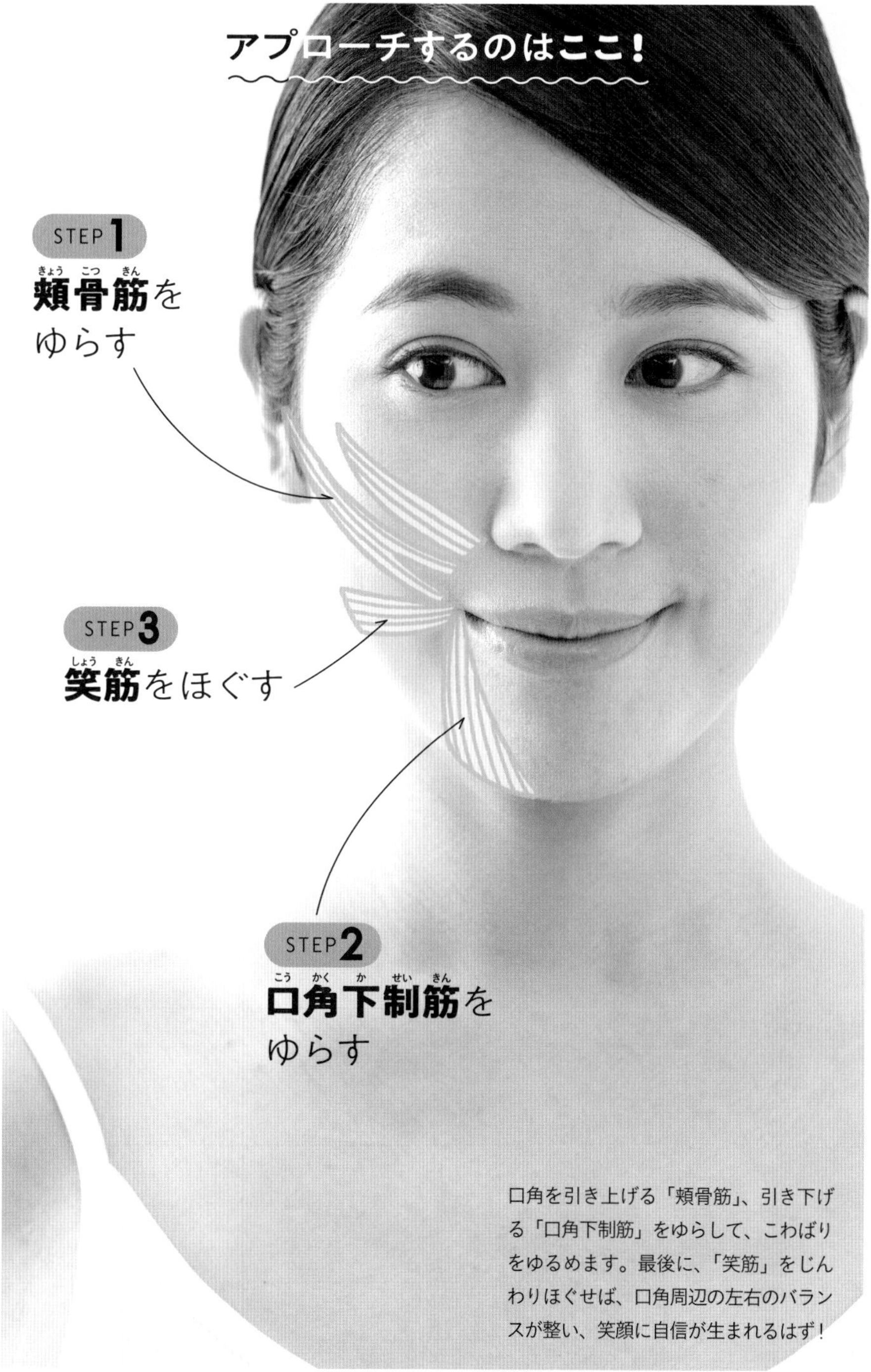

口角を引き上げる「頬骨筋」、引き下げる「口角下制筋」をゆらして、こわばりをゆるめます。最後に、「笑筋」をじんわりほぐせば、口角周辺の左右のバランスが整い、笑顔に自信が生まれるはず！

STEP 1

頬《きょう》骨《こつ》筋《きん》を左右の手でゆらす

つくり笑いで酷使した頬骨筋を、左右の手でやさしくゆらして、ほぐしましょう。

頬と反対の手を使います。まずは右から。左手の薬指を口角の上に乗せ、中指、人差し指をそろえて、くちびるの上のラインにそっと置きます。
次に、右手の人差し指と中指をそろえて、頬骨の少し下を押さえます。

1 上くちびるのふちに指を3本そえる

2 反対の手で、頬骨の下あたりを押さえる

指の形はこう!

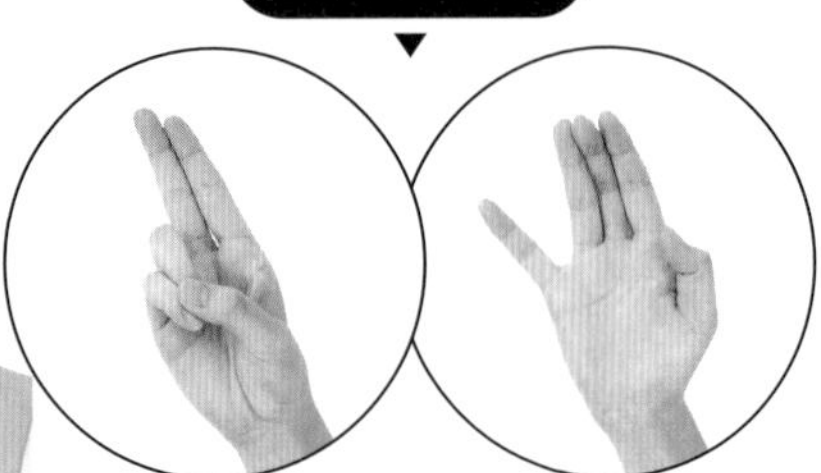

くちびるの上は、人差し指、中指、薬指の3本で押さえます。親指と小指は離しておきましょう。頬骨の下は、人差し指と中指の2本を使います。

30秒

3 軽く**引き離し**ながら頬の**指をゆらす**

くちびるの上にそえた指と、頬骨の下を押さえた指を軽く引き離します。そして、くちびるにそえた指はそのままに、頬骨の下にある指だけを、左右に小刻みに30秒ほどゆらします。反対側も同様に行いましょう。

POINT

筋肉の張りが強いほうを重点的に！

口角の左右バランスが大きく異なる場合、筋肉の張りが強いほう、つまり口角が上がっているほうだけ、2回行いましょう。そうすることで、よりバランスが整いやすくなります。

頬骨筋とは…

頬骨筋には、大頬骨筋、小頬骨筋があります。いずれも口角から頬骨のあたりにつながっており、口角をななめ上に引き上げ、笑顔をつくるために重要な筋肉です。顔の中では比較的大きな筋肉で、表情や輪郭への影響も大きいです。

STEP2 口《こう》角《かく》下《か》制《せい》筋《きん》を左右の手でゆらす

口角を引き下げる役割をもつ口角下制筋。

頬骨筋と同じく、引き離しながらゆるめます。

人差し指と中指の2本を、下くちびるのふちにそえます。人差し指が口角のはしに来るように置きましょう。
そこから、まっすぐに下に降りたあたりに、反対の手の人差し指と中指をそえます。

1 下くちびるのふちに指を2本そえる

2 反対の手を、あごあたりにそえる

指の形はこう!

口角下制筋は細い筋肉なので、人差し指と中指の2本だけを使います。2本を伸ばしてそろえ、残りの3本は、軽く握っておきましょう。

3

軽く**引き離し**ながら あご側の指をゆらす

30秒

下くちびるを押さえた指と、あごにそえた指を軽く引き離しながら、あごに置いた指を左右に小刻みに30秒間ゆらします。このとき、下くちびるにそえた指は動かさないようにしましょう。反対側も同様に行います。

POINT

体の反応のしくみを利用して張りをゆるめる

人間の体には、筋肉が伸びすぎたり、縮みすぎたりするのを防ぐための反応が備わっています。頬骨筋、口角下制筋のケアは、この反応のしくみを利用しています。引き離しながらゆらすことで、最小限の力で、筋肉がゆるむのです。

口角下制筋とは…

あごに縦に走る筋肉の一つで、別名を「オトガイ三角筋」といいます。頬骨筋とは対照的に、口角を下に引き下げる働きをもちます。口角下制筋がこわばると、口角を「へ」の字に引き下げるほか、あごのたるみにもつながります。

STEP 3

笑《しょう》筋《きん》をゆらしてほぐす

その名の通り、笑顔をつくる

「笑筋」のこわばりをゆるめ、すてきな笑顔に！

1

口角のはしに、指を2本そえる

笑筋は、左右同時にほぐします。まずは、中指の外側が、両方の口角のはしに当たるようにセットしましょう。そこに人差し指をそえます。指に力を入れすぎず、軽く口角の下にある筋肉を押さえることを意識しましょう。

指の形はこう！

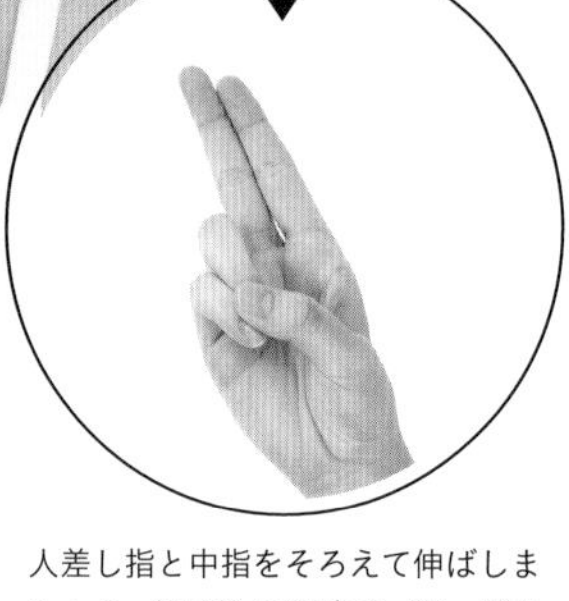

人差し指と中指をそろえて伸ばしましょう。指は軽く曲げてもOK。残りの3本の指は、握っておいてください。

2 両手を同時に、上下にゆらす

30秒

両手の中指と人差し指で、軽く口角を押さえたら、そのまま指を上下に小刻みにゆらします。両手で同時に、30秒間行いましょう。簡単なケアですが、偏ってこわばった笑筋は、ゆらすことで緊張がゆるみ、老廃物などの流れも促すことができます。

笑筋とは…

口角の横から、エラに向かって伸びる、表情筋の一つ。口角を外側に広げる役割をもちます。その名の通り、笑顔をつくる筋肉です。笑筋が収縮するとエクボができます。さらに、笑筋がこわばることで口もとが「へ」の字になりがちに。

ゆがみケア 4

「眉の高さの左右差を整える」

眉の高さの左右差は、原因が少々ほかとは異なります。ゆがみのメカニズムを理解し、顔の正面だけでなく、筋肉がつながる頭の後ろまでケアして、高さを整えましょう。

眉の高さの左右差が出る大きな理由

眉を寄せるなどのクセがある

眉をひそめる、目を見開くなど、表情筋の使い方にクセがある人は注意が必要です。

↓

眉のまわりの筋肉がこってしまう

眉のまわりの筋肉がこわばります。表情のクセは、左右差にもつながりやすいです。

肩こりや**首こり**が強い

↓

前《ぜん》頭《とう》筋《きん》の張り方に左右差が出る

肩や首の後ろの筋肉は、筋膜により眉までつながっています。そのため、眉の高さは体のゆがみの影響を特に大きく受け、首や肩のこりが、前頭筋に影響します（P.119）。

↓

眉の高さに左右差が出る

眉周辺の筋肉の張り、前頭筋のこわばりの左右差などにより、眉が影響を受けて高さが変わってしまいます。

驚いたときに眉を上げたり、困ったときに眉を寄せたりするなど、人は表情をつくるとき、思った以上に眉を動かします。そんな、眉を動かすための代表的な筋肉は、「**皺**《すう》**眉筋**《びきん》」、「**眉毛下制筋**《びもうかせいきん》」、「**前頭筋**《ぜんとうきん》」の3つです。

眉を寄せるときに使うのが「皺眉筋」で、両方の眉のつけ根から、眉の中央に向かって伸びる筋肉です。眉のつけ根から鼻筋に向かって続いているのが「眉毛下制筋」で、こちらは眉を下げる筋肉です。

この2つは、パソコンやスマートフォンの画面を見つめ続けるだけでも疲弊します。また、目を細めてモノを見たり、眉を寄せるクセがあると、この2つの筋肉がこわばりやすくなります。

「前頭筋」は、前頭部からおでこ、眉毛と鼻のつけ根にかけて広がる筋肉です。前頭筋は、帽状腱膜《ぼうじょうけんまく》という、頭頂部を覆う組織によって、首の後ろにある筋肉とつながっています。そのため、首こり、肩こりなどで後頭筋がこわばると、連動する前頭筋にも影響が出ます。こうしたこわばりの左右差が、眉の高さの悩みにつながるのです。

ところで、「眉の高さの左右差が気になる！」という人の中には、実際には眉の高さのゆがみはなく、単にメイクをする際に、左右対称に描けていないだけ、というケースも少なくありません。ゆがみケアとあわせて、眉をきれいに描けているのか、チェックしてみてください。

アプローチするのはここ！

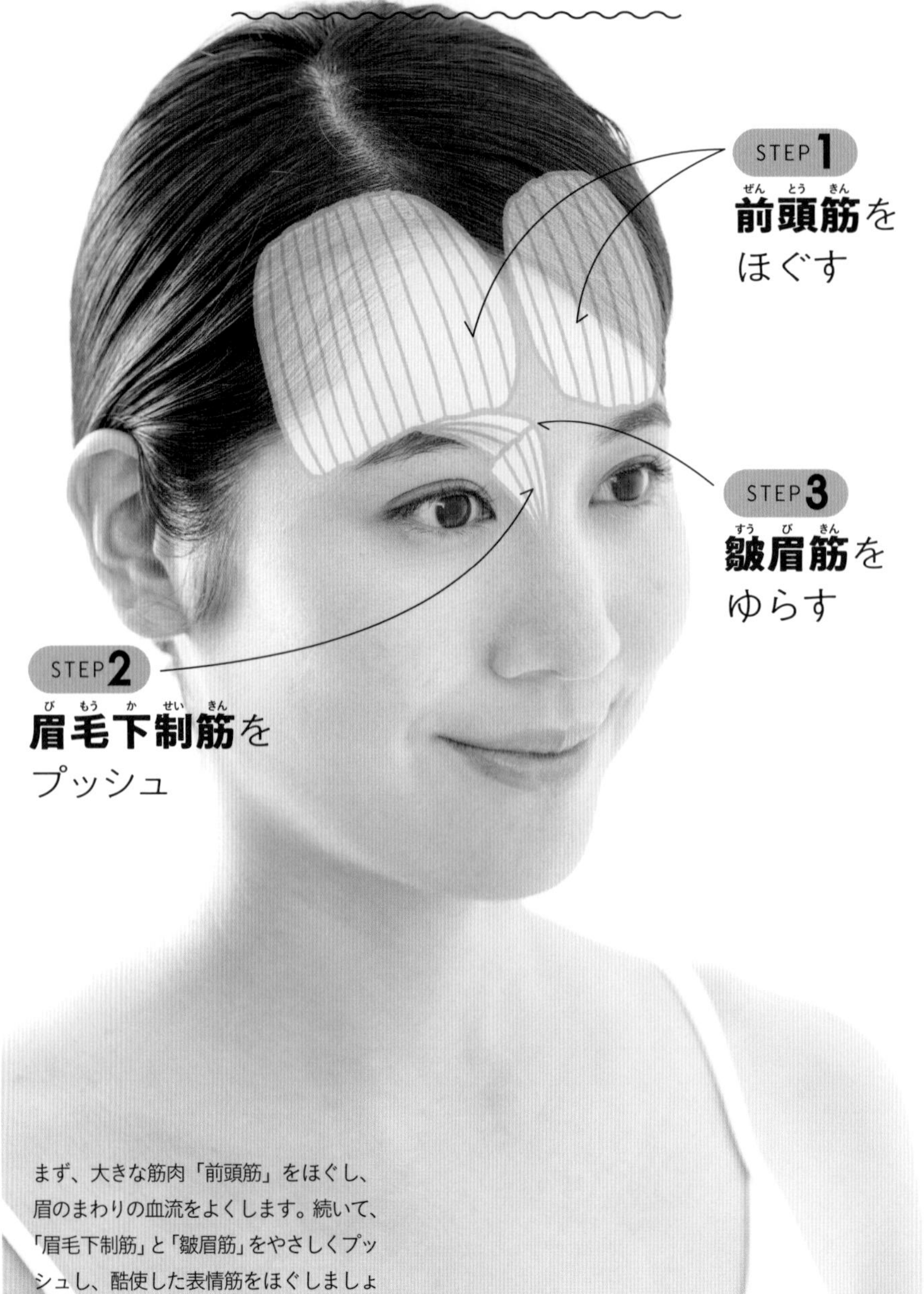

まず、大きな筋肉「前頭筋」をほぐし、眉のまわりの血流をよくします。続いて、「眉毛下制筋」と「皺眉筋」をやさしくプッシュし、酷使した表情筋をほぐしましょう。気になる眉の高さの違いを整えて、バランスのとれた印象に。

STEP 1 前《ぜん》頭《とう》筋《きん》をこぶしでほぐす

肩こり、首こりの影響を受けやすい

「前頭筋」をほぐし、緊張をゆるめましょう。

1 眉の上にこぶしを当て、生えぎわに向かってグルグル

10秒
×3回

左右の眉の、すぐ上にこぶしを当て、10秒間、円を描くようにマッサージ。続いて、おでこの中央あたり→生えぎわの近くにこぶしを動かし、それぞれ10秒、グルグルとマッサージします。詳しくは、P.62〜をチェック!

2 後頭部まで細かくグルグルする

10秒
ずつ

そのまま両手のこぶしを頭頂部、そして後頭部に当て、円を描きながら10秒ずつほぐします。場所は大まかでもOK。気持ちいいところをマッサージしましょう。

STEP 2 眉《び》毛《もう》下《か》制《せい》筋《きん》を親指でプッシュ

眉の位置に大きな影響がある

「眉毛下制筋」をほぐして、目もともスッキリ！

1 親指以外の**4本の指**を組み、親指を**眉頭**の**下**あたりに当てる

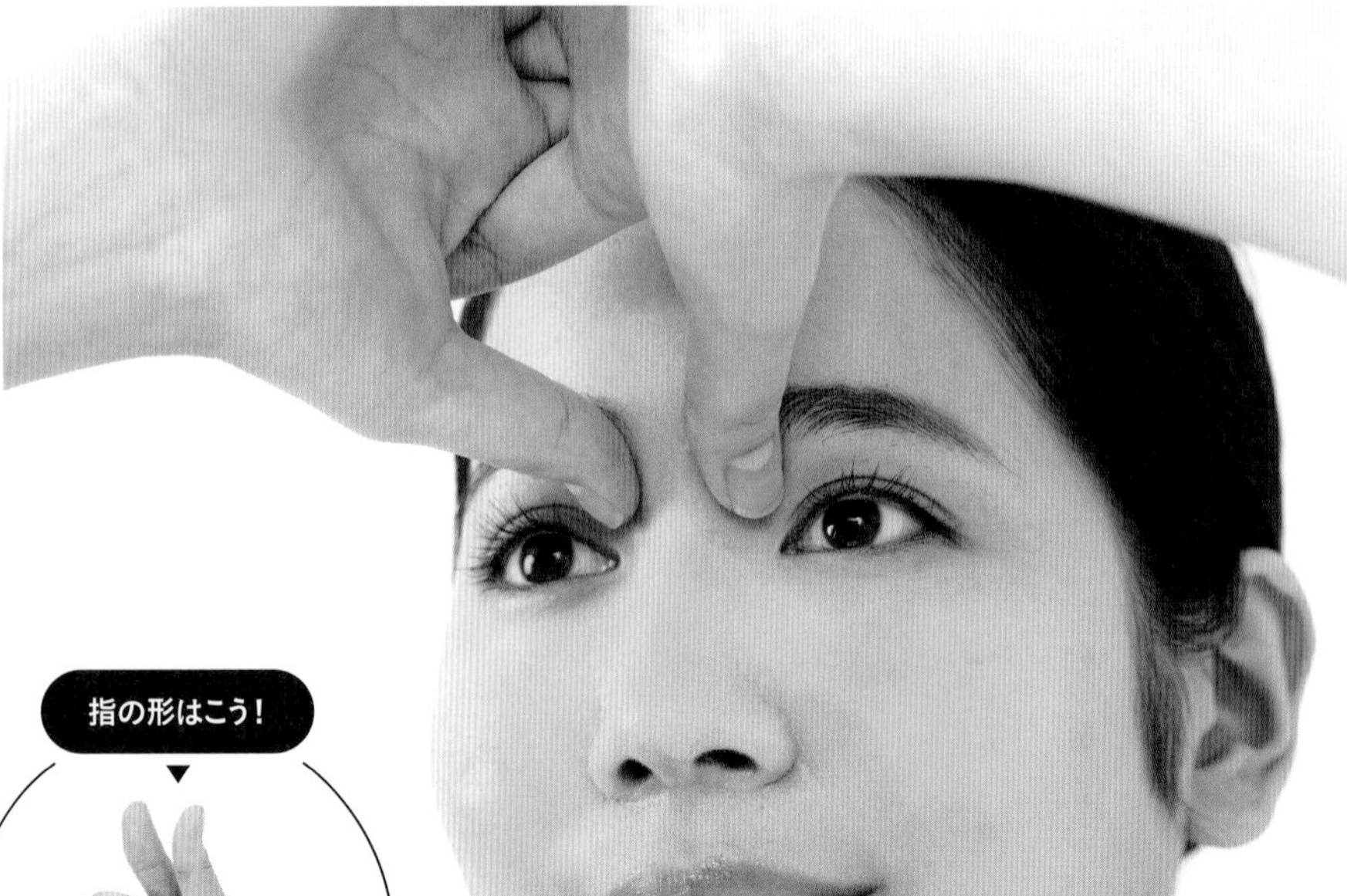

指の形はこう！

両手の親指以外の4本はしっかり組んでおきましょう。そのほうが立てた左右の親指に、より均等に力が入りやすくなります。

両手を組み、親指２本だけを立てます。立てた親指を、眉頭の下のくぼみに差し入れてください。親指のはらで、鼻筋を押さえるイメージです。腕を持ち上げていると疲れてしまう場合は、両ひじをテーブルなどにつき、頭を下げてセットするとやりやすいでしょう。

2 上下にゆらす

30秒

SIDE

眉頭のくぼみに当てた親指を、軽く押さえながら上下に動かし、グリグリと30秒間プッシュします。この筋肉はこっている人が多く、つい力を入れたくなりますが、ここでの目的は筋肉をほぐすこと。あくまでも「イタ気持ちいい」程度の力加減で、やさしく筋肉をほぐしましょう。

眉毛下制筋とは…

「眉毛下制筋」は、眉のつけ根から、鼻筋の途中までつながる筋肉。眉の位置をコントロールするいくつかの筋肉のうち、眉を引き下げる働きをもちます。同じく眉を引き上げる働きをもつ「前頭筋」とのバランスで、眉毛の位置が決まります。

STEP3

皺《すう》眉《び》筋《きん》を小刻みにゆらす

眉の形に沿うように位置する「皺眉筋」。

やさしくほぐせば、表情も和らぎます。

1 眉に沿うように3本の指をセットする

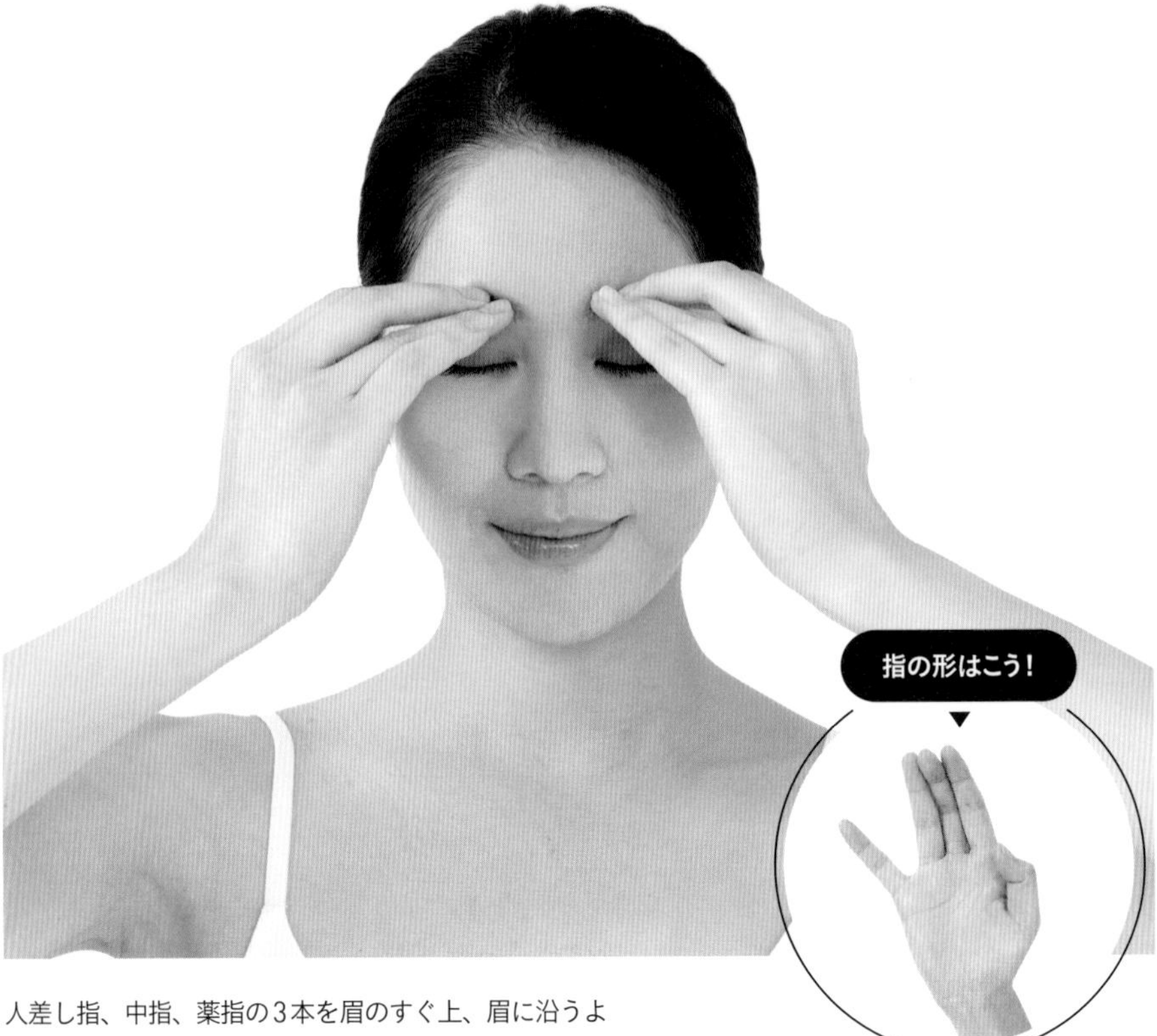

人差し指、中指、薬指の3本を眉のすぐ上、眉に沿うように並べてセットし、「皺眉筋」を軽く押さえます。3本の指に、同じくらいの力がかかるようにしましょう。親指と小指は軽くそえるだけでOK。

人差し指、中指、薬指の3本を使います。3本を軽く寄せて、指先がそろうように指を曲げます。親指と小指は、自然にそえておきましょう。

2 上下に小刻みにゆらす

30秒

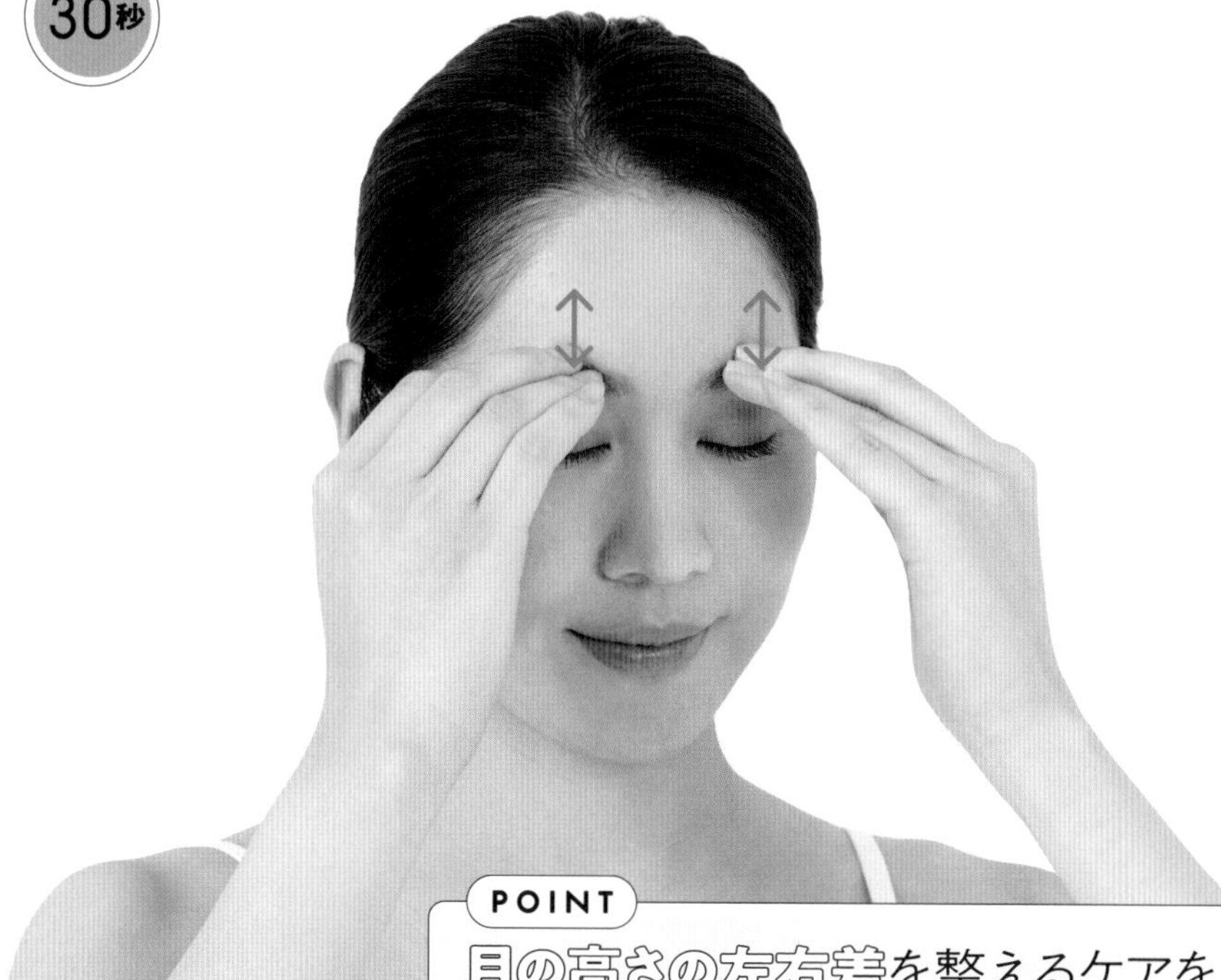

3本の指を、上下に30秒間、小刻みにゆらします。大きく上下させなくてもいいので、皮膚の奥の筋肉をしっかりと動かす意識で行いましょう。

POINT

目の高さの左右差を整えるケアを一緒にやると効果的！

「目の高さの左右差」と「眉の高さの左右差」は、原因が重なることも多いです。あわせてp.56〜のケアも行うと、より効果が実感できます。

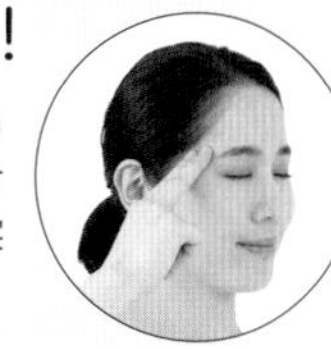

皺眉筋とは…

「皺眉筋」は、眉毛のつけ根から、中央に向かって伸びる筋肉です。眉を寄せて、眉間に縦ジワをつくるときに使われます。デスクワーク中心の人、スマートフォンなどの電子機器を見ている時間が長い人は、知らず知らずのうちに酷使している筋肉です。

ゆがみケア5

「エラ張りを整える」

エラ張りに大きく影響を及ぼすのが、咀嚼筋《そしゃくきん》の一つである「咬筋《こうきん》」です。
しっかりケアして、四角く見えがちなフェイスラインをすっきり、シャープに！

エラが張る大きな理由

あごのゆがみ

→P.46

エラ張り……つまりフェイスラインのゆがみは、下顎骨《かがくこつ》のゆがみの影響をダイレクトに受けてしまいます。

歯を食いしばる機会が多い

エラ張りは、咬筋のこわばりが大きな原因になります。職業柄、歯を食いしばりがちな人は注意が必要です。

↓

咬筋が硬くこわばる

あごのゆがみの要因である、片側ばかりで噛むクセ、食いしばりともに、咬筋を硬くこわばらせます。

↓

“使う側”の筋肉が張って出っ張って見える

片側でばかり咀嚼したり、歯を食いしばったりすると、そちら側の筋肉がこわばって、張ってしまいます。その結果、ゴツゴツと出っ張って見えがちに。

「顔が四角く見える」「フェイスラインがゴツゴツしている」など、エラが張っていることに悩んでいる人は多いもの。エラ張りの主な原因は、あごを動かす筋肉を酷使すぎて、こわばって膨張していることです。

「エラは骨格の問題では？　あごの筋肉にそんなに影響があると思えない」という疑問を抱く人もいるかもしれませんね。しかし、人が食事中にモノを噛む力は、平均して50kg前後だといわれています。50kg以上の重量をかけて、毎日、モノを噛むのですから、エラの筋肉が発達するのも当然です。さらに、睡眠中に力を加減しない歯ぎしりや食いしばりがある人は、食事の２倍以上の力、つまり１００kg以上もの力をかけて噛みしめていると言われています。そのほか、スポーツ選手や重いものを運ぶなど、食いしばる習慣がある人、ガムを噛む機会が多い人なども、あごの筋肉を酷使しています。

モノを噛むときに使う筋肉は、主に「咬筋」です。そのため、ここでは内側と外側から「咬筋」に徹底的にアプローチして整えます。さらに、連動する「側頭筋《そくとうきん》」もあわせてケアします。

もちろん骨格もエラが張る要因となります。頭部の骨格に対し、下顎骨の骨格が大きくアンバランスだったり、エラ部分の骨格の角度が大きかったりするケースです。

骨格的にエラが張っている人は、「咬筋」が硬くこわばり、余計にエラが張って見える場合も。ケアを行うことで、何らかの変化を感じられるはずです。

アプローチするのはここ!

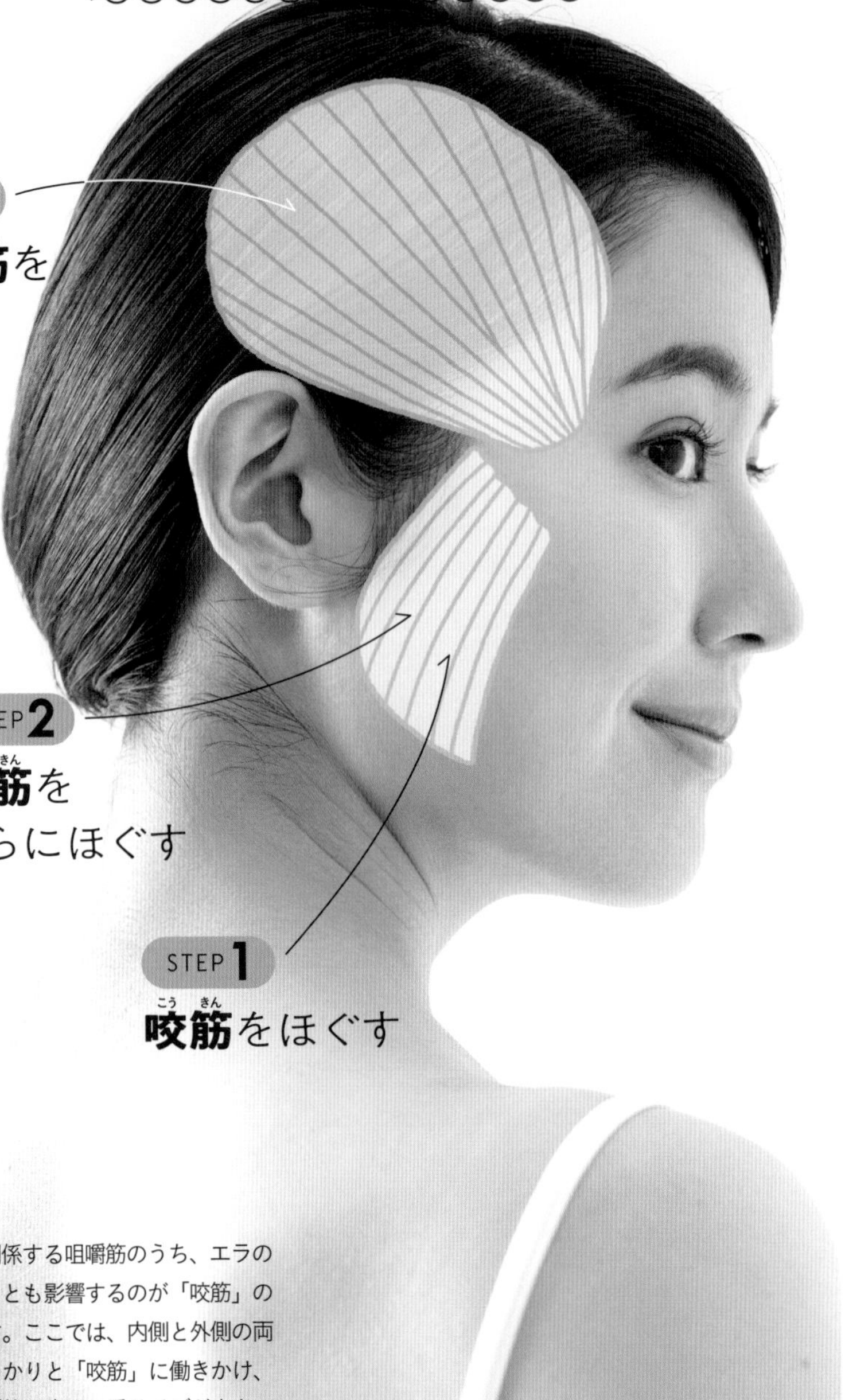
STEP 3
側《そく》頭《とう》筋《きん》を
ほぐす
STEP 2
咬《こう》筋《きん》を

エラ張りに関係する咀嚼筋のうち、エラの張り方にもっとも影響するのが「咬筋」のこわばりです。ここでは、内側と外側の両方から、しっかりと「咬筋」に働きかけ、その後、咀嚼筋の中で一番サイズが大きい「側頭筋」をほぐすケアをします。

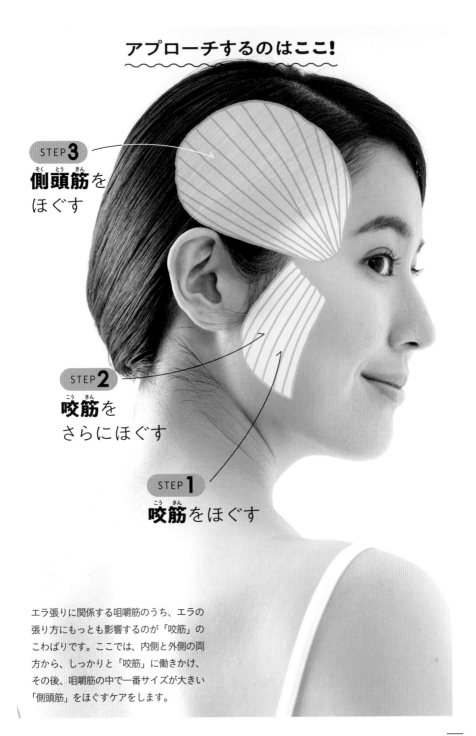

STEP 1

咬《こう》筋《きん》を内側からほぐす

咬筋に直接触れてほぐすこのケアが一番！
深い呼吸を意識しましょう。

1 人差し指を歯に沿うように入れる

人差し指の指のはらを外側に向け、つめを上の歯ぐきに沿わせながら指を入れます。硬い部分（骨）に触れたら、指先を頬側にずらすともう少し奥に指が入ります。詳しい場所は、P.50をチェックしてください。

2 深い呼吸をくり返す

深呼吸 5回

そのまま、鼻から吸って鼻から吐く深い呼吸を、5回くり返します。背すじはまっすぐ伸ばしましょう。普段よりも深い呼吸を意識して、ゆったり吸ったり吐いたりしましょう。反対側も同様に行います。

STEP 2

咬《こう》筋《きん》を外側からほぐす

続けて、酷使してこわばった咬筋にアプローチ。
ここでは、外側からほぐします。

1 咬筋を指で挟み、つまみながら上下にゆらす

噛みしめたときに動く筋肉の両端を親指と人差し指でつまみます。このとき、皮膚だけでなく、深めに筋肉までしっかりとつまむのがポイント。咬筋をつまんだまま、上下にやさしくゆすりましょう。片側30秒ずつ、左右どちらも行います。

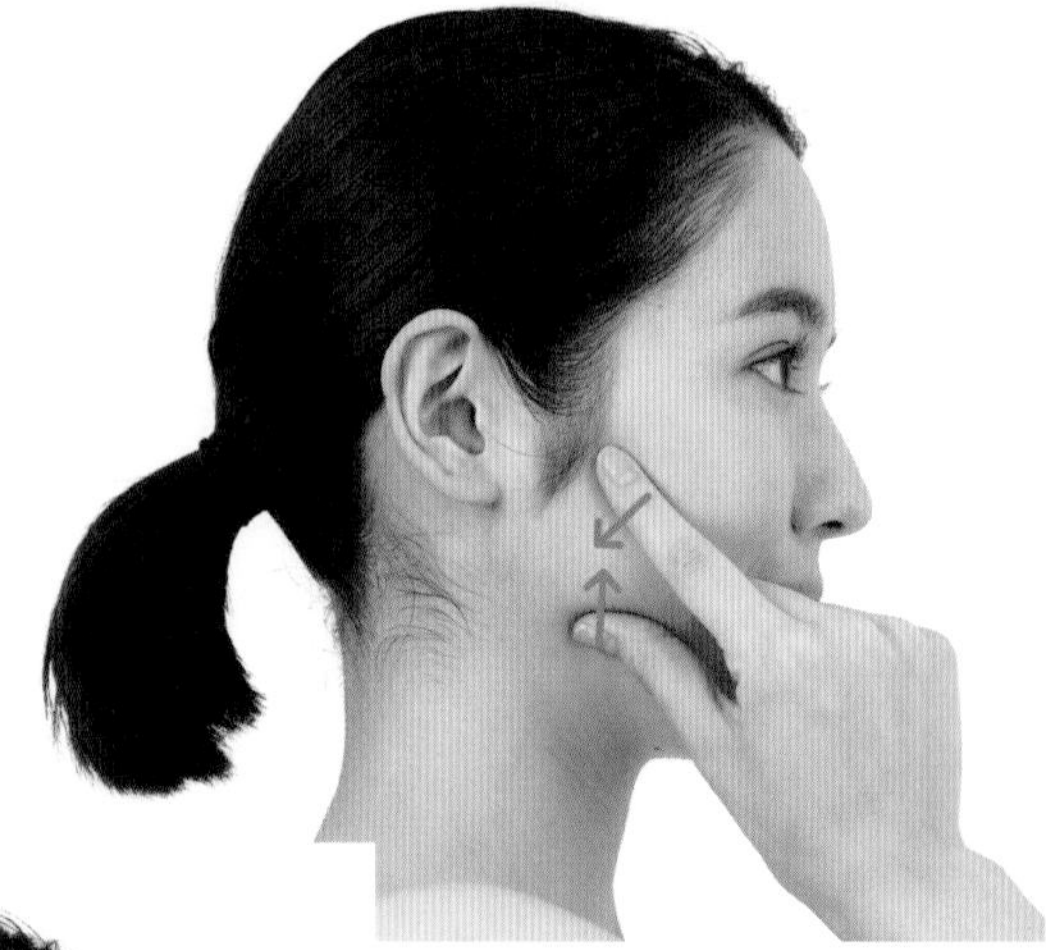

30秒ずつ

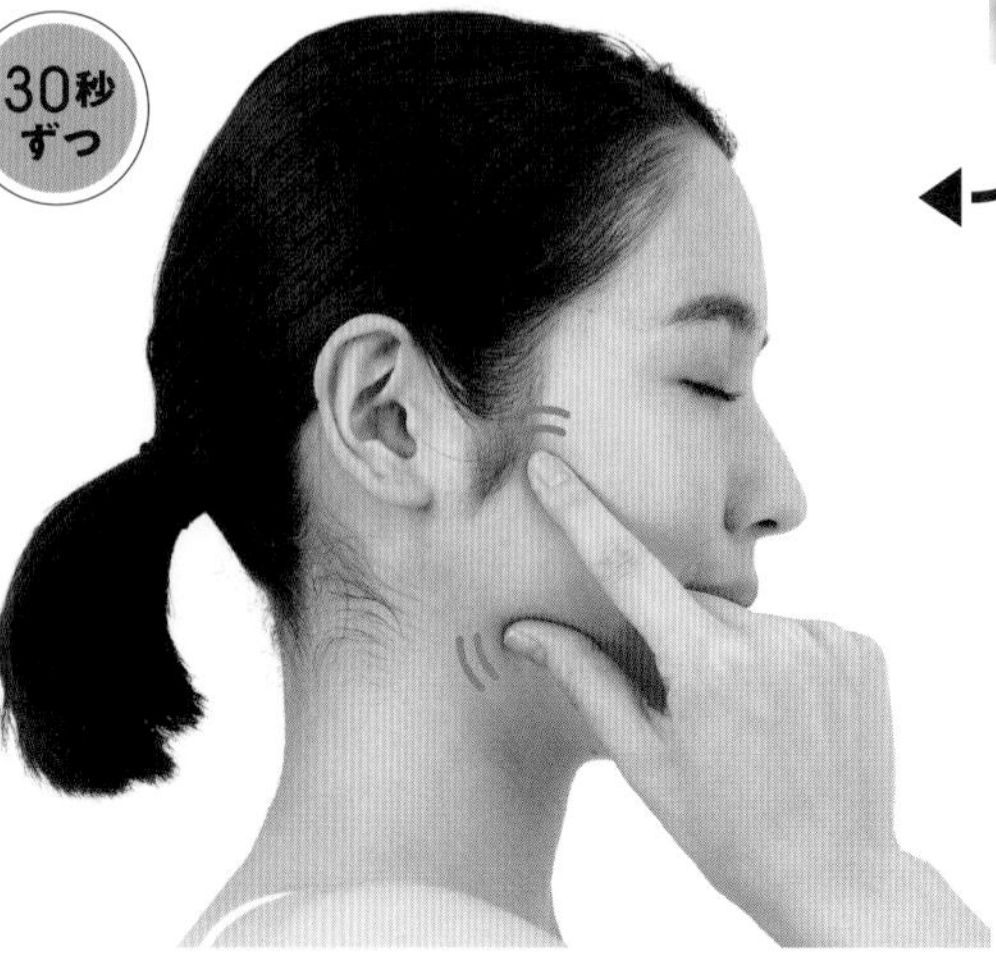

2 フェイスラインにこぶしを当て、プッシュ

咬筋の上に、両手のこぶしを当てます。指の関節と関節の間の部分を使いましょう。そのまま、こぶしをグリグリと上下に30秒動かします。表面だけでなく、筋肉をしっかりほぐす意識で行いましょう。歯は噛みしめず、上下の歯と歯の間は少し空けておくのがポイントです。

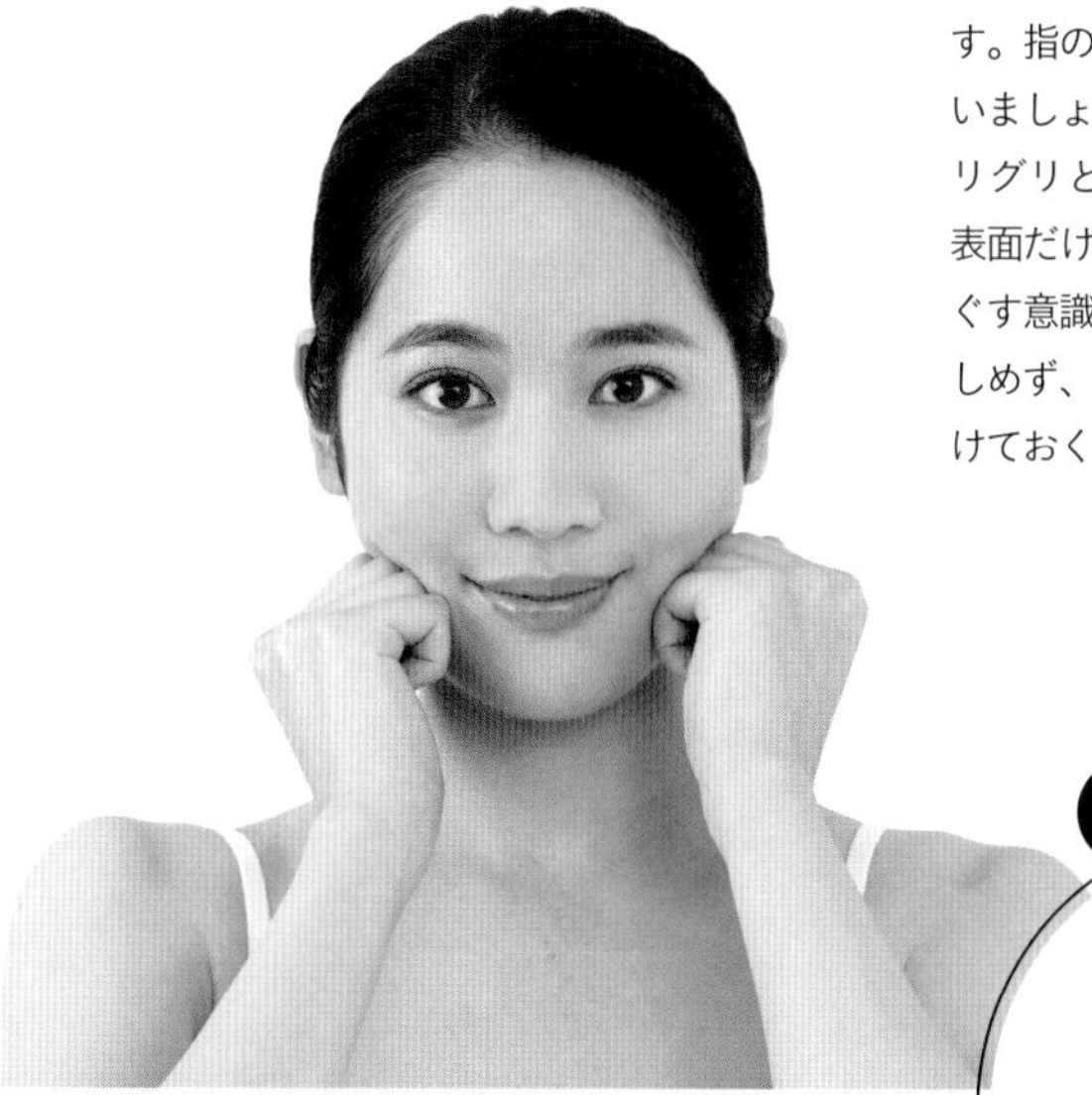

指の形はこう！

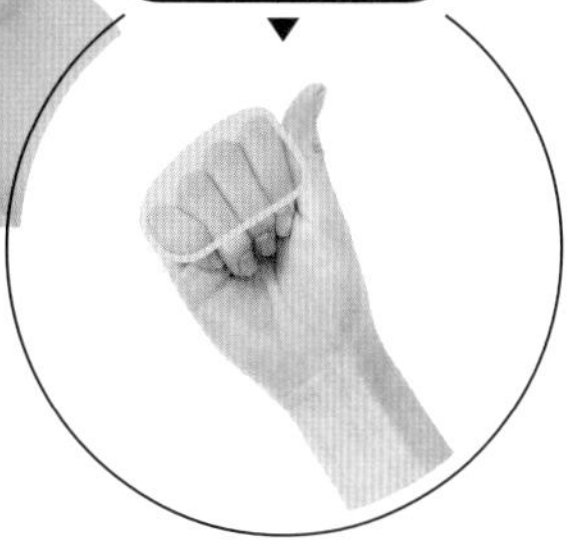

こぶしを握って「グー」の手をつくります。親指は外側にそえましょう。指の第一関節と第二関節の間の部分を使います。

30秒

STEP 3

側《そく》頭《とう》筋《きん》をこぶしでほぐす

咀嚼筋の中でもっとも大きな「側頭筋」をゆるめて、
エラ張りの軽減をサポート！

1 こめかみにこぶしを当て、上に向かって細かくグルグル

10秒
×
3回

両耳の上、こめかみあたりにこぶしを当て、グルグルとまわして、側頭筋を10秒間ほぐします。指2本分くらい上も同じように10秒グルグル、さらに指2本分上も10秒ほぐしましょう。

2 側頭部に両手のつけ根を当て引き上げる

30秒

耳の前、こめかみあたりの位置に、両手のひらのつけ根を押し当てます。頭の中心に向かって、両手を寄せるように上にギュッと持ち上げ、30秒間キープしましょう。

POINT

頭のこりの解消にも効果的！

ストレスから、無意識に歯を食いしばってしまい、側頭筋がこって頭痛を起こす人がいます。このケアで緊張をほぐすと、頭痛が軽減したり、頭皮の血流がよくなって、頭のこりが解消する効果も期待できます。

ゆがみケア ❻

「頬の高さの左右差を整える」

頬の高さに関係する「頬骨《きょうこつ》」は、モノを噛むための咬筋《こうきん》や、口角を持ち上げる頬骨筋《きょうこつきん》と隣接しています。

「頬骨」のまわりの筋肉にアプローチして、「老け顔」を解消しましょう！

頬の高さに左右差が出る大きな理由

あごのゆがみ

→P.46

口角の高さの左右差

→P.66

頬の高さの左右差は、「あごのゆがみ」と「口角の高さの左右差」の両方の原因の影響で起こります。「片側ばかりでモノを噛む」クセや、口角の高さの左右差を生み出す「つくり笑い」などが原因となり、顔の筋肉が偏って使われます。

頬についている
筋肉に左右差が出る

咀嚼筋《そしゃくきん》や、口のまわりの表情筋がこわばると、頬骨を引っ張る力に左右差が生まれます。その結果、頬の高さに左右差が出てしまいます。

「頬の高さに左右差がある」という悩みは奥が深く、「片側だけ頬が前に出っ張っている」、「頬骨の高さの左右差があり、目の位置にも影響している」、「頬骨が横に張り出している」など、さまざまです。

しかし、いずれも、顔がゴツゴツとバランスが悪く見えることから、「老け顔に見える」という悩みにつながりやすいです。

頬には、耳の前にある「頬骨弓《きょうこつきゅう》」と、そこから目の下にかけてつながる「頬骨」があります。頬の高さの左右差を整えるには、この2つに付着する筋肉にアプローチする必要があります。

まずは、この2つのどちらにも付着している、「**咬筋**」です。さらに、咬筋と同じ咀嚼筋で、頬骨に隣接している「**側頭筋**《そくとうきん》」、頬骨あたりにつながる「**頬骨筋**」も、頬の高さに関連するので、一緒にケアしましょう。

ところで、頬の高さの左右差は、右のページでも紹介したように、「あごのゆがみ」や「口角の高さの左右差」のいずれか、またはどちらも関係しているケースがほとんどです。そのため、ケアの方法も、それぞれのパートで紹介したのと同じものになります。95ページでもやり方を簡単に紹介していますが、詳しいケア方法や、各筋肉の役割については、それぞれのページを参照してください。

アプローチするのはここ！

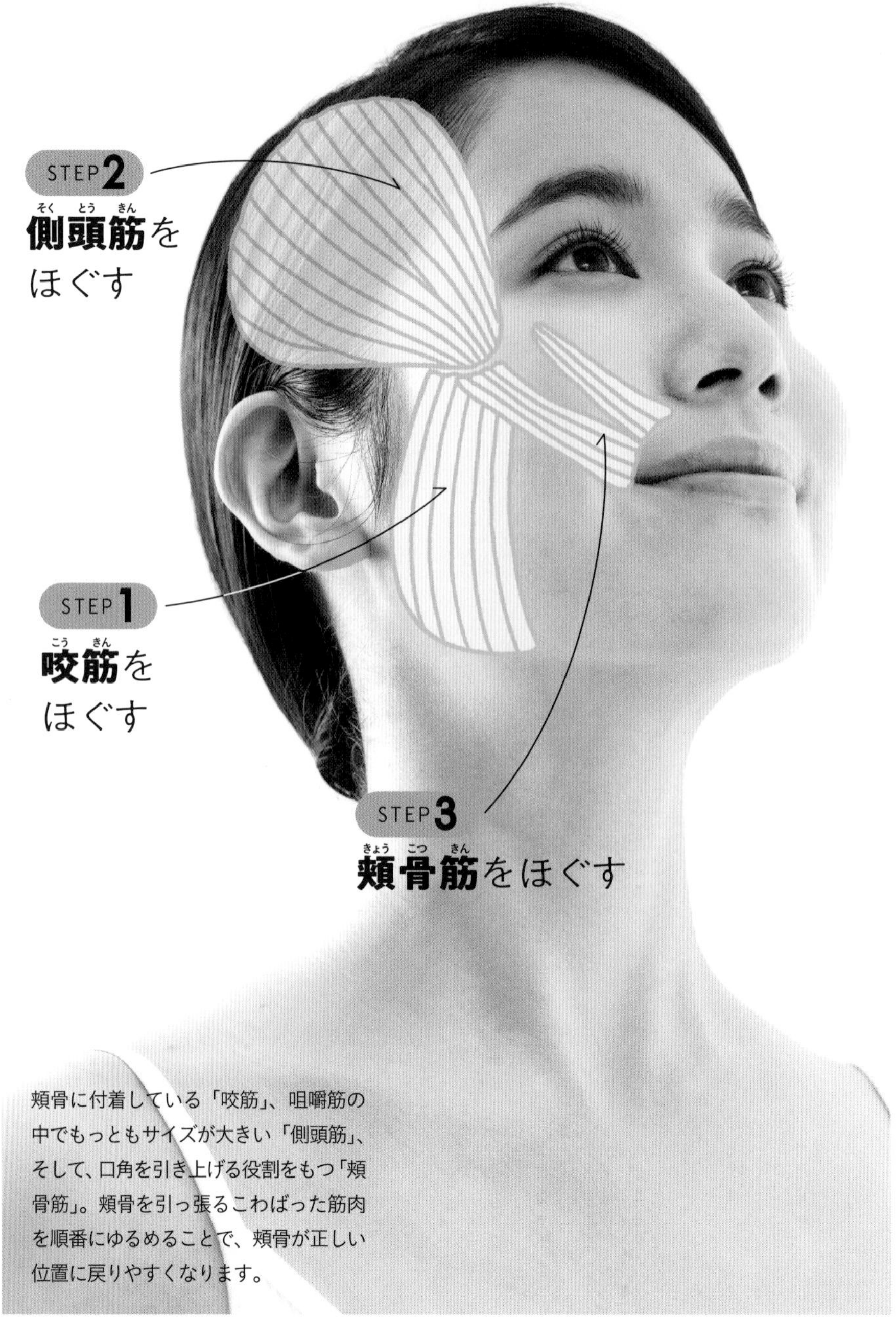

頬骨に付着している「咬筋」、咀嚼筋の中でもっともサイズが大きい「側頭筋」、そして、口角を引き上げる役割をもつ「頬骨筋」。頬骨を引っ張るこわばった筋肉を順番にゆるめることで、頬骨が正しい位置に戻りやすくなります。

咬《こう》筋《きん》を内側からほぐす

STEP 1

人差し指を立て、つめを上の歯ぐきにそわせながら口に入れます。硬い部分（骨）に触れたら、指先を頬側にずらし、奥まで入れます。そのまま、ゆっくりと深い呼吸を5回、くり返しましょう。左右どちらも行います。

→P.50

側《そく》頭《とう》筋《きん》をこぶしでほぐす

STEP 2

両耳の上、こめかみあたりにこぶしを当て、グリグリと円を描くように、側頭筋を10秒間ほぐします。指2本分くらい上も、同じように10秒グリグリ、さらに、指2本分上も、10秒ほぐしましょう。

→P.54

頬《きょう》骨《こつ》筋《きん》を左右の手でゆらす

STEP 3

くちびるの上に指を3本そえ、反対の手の人差し指と中指で、頬骨の下を押さえます。両方の指を軽く引き離しながら、頬骨の下にある指だけを、左右に小刻みに30秒ほどゆらします。左右どちらも行いましょう。

→P.70

顔のゆがみQ&A

顔のゆがみに関するギモンや悩みに、ゆがみのプロがお答えします。

Q 顔がゆがんでいると、体にも何か影響するの？

A むしろ、体こそゆがんでいるケースが多い

顔のゆがみが体に影響を及ぼすというよりは、体にゆがみがあるから、顔までゆがんでしまうというケースが多いです。つまり、顔にゆがみがある人は、体のどこかが必ずと言っていいほど、ゆがんでいるということです。

Q 顔のゆがみは整形で治る？

A 根本から治すことは難しい

表面的にずれている位置を矯正することは、美容整形でも可能です。しかし、骨格がゆがんでいる状態のまま、美容整形でゆがみを治してしまうのは考えもの。あとで骨格を整えて、根本からゆがみを解消しようとしたときに、表面的に治した部分が逆にずれてしまったというケースもあります。

プロに
ケアを任せるべき基準は？

A ─ 本書のケアを2週間続けても改善しないとき

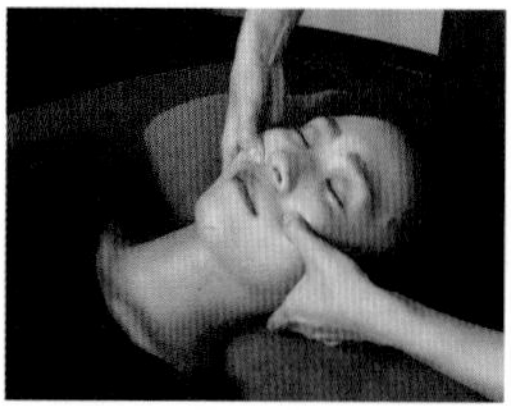

本書でご紹介するケアを、2週間続けてみても変化がまったく見られない場合は、プロに相談したほうがよいでしょう。体のゆがみがひどく、顔のケアだけでは整えきれないか、歯並びなど、別の要因でゆがんでいる可能性が高いからです。

耳の高さが違う……。
これってケアで整えられる？

A ─「目の高さ」「あごの左右差」のケアが効果的！

耳の高さが左右で異なる場合、「咬筋《こうきん》」「側頭筋《そくとうきん》」などのバランスが偏っていることが多いです。本書でご紹介する「目の高さ」、そして「あご」の位置やバランスを整えるケアを実践することで、耳の高さも整えることができます。

Q 小顔矯正はゴリゴリしないと効果がないの？

A 「痛い＝効果がある」とは限らない

「痛いほうが効果がある」と信じて、痛みに耐えながら施術を受ける人が少なくありません。でも、無理に押しても骨はほとんど動きませんし、水分が移動して一時的に小顔になるだけ。むしろ、筋肉や骨格を痛めるなどのトラブルにつながることも。

Q いい整体院を見分けるコツは？

A 知識が豊富で、全身をきちんと診てくれるか

「原因と結果をきちんと説明してくれる」「治療方針が一貫している」「顔だけでなく、体も診て判断する」「体も施術する」「力任せに押さえない」「初回から効果を感じる」といった点を押さえ、さらに、院内が清潔でスタッフの対応がよいか確認しましょう。

PART 3

全身にアプローチする 応用ケア

PART1で、「顔のゆがみ」は全身のゆがみが影響しているとお話ししました。つまり、「顔のゆがみ」を根本的に解消するには、体のゆがみも整えなければならないということ。ここでは、全身にアプローチする応用ケアを紹介します。

顔がゆがんでいる人は ほぼ体もゆがんでいます

多くの人は、「顔のゆがみ」を顔だけの問題だととらえています。ところが、実は顔がゆがんでいる人は、ほぼ体もゆがんでいます。

そのことを理解するために、人の体を解剖的にひも解いてみましょう。

私たち人間は2本の足で立ち、さまざまな動きをこなしています。四足歩行の動物と比べるととても不安定ですが、体に備わった平衡感覚が無意識のうちに作動し、バランスを維持しています。

そのため、「片足に重心をかけて立つ」「座るときに足を組む」といった、バランスを崩すような動きをしても、ただちに倒れてしまうようなことはありません。

たとえば、右足に体重をかけて立つクセがあるとしましょう。そのままだと、上体が右に傾き、倒れてしまいますね。

そこで、体は身を守るために、ほかの部分でなんとか調整して、転倒を避けようとします。具体的には、頭を平行に維持するために、背骨を左に傾けるのです。しかし、そうすると今度は下半身が安定しなくなってしまいます。そこで、骨盤を逆方向に傾けるなどして、バランスをとります。

こうして、体は転倒をまぬがれましたが……背骨や骨盤は傾いた状態に。つまり、体を守るためのこのメカニズムこそが、ゆがみの大きな原因になっているのです。

人間の体は、頭のてっぺんから足先までを覆う皮膚で、ひとつながりになっています。また、骨格や筋肉も、それぞれがパーツごとに動くのではなく、密接に関係しています。

そのため、土台である背骨や骨盤がゆがんでいると、筋肉をアンバランスにこわばらせ、肩や首にも影響し、頭部の筋肉や骨格を引っ張ってしまいます。

体で生まれたゆがみは、顔のゆがみの大きな原因になります。そして、「片側ばかりでモノを噛む」「つくり笑いをする」などでできた顔のゆがみを、さらに悪化させるのです。

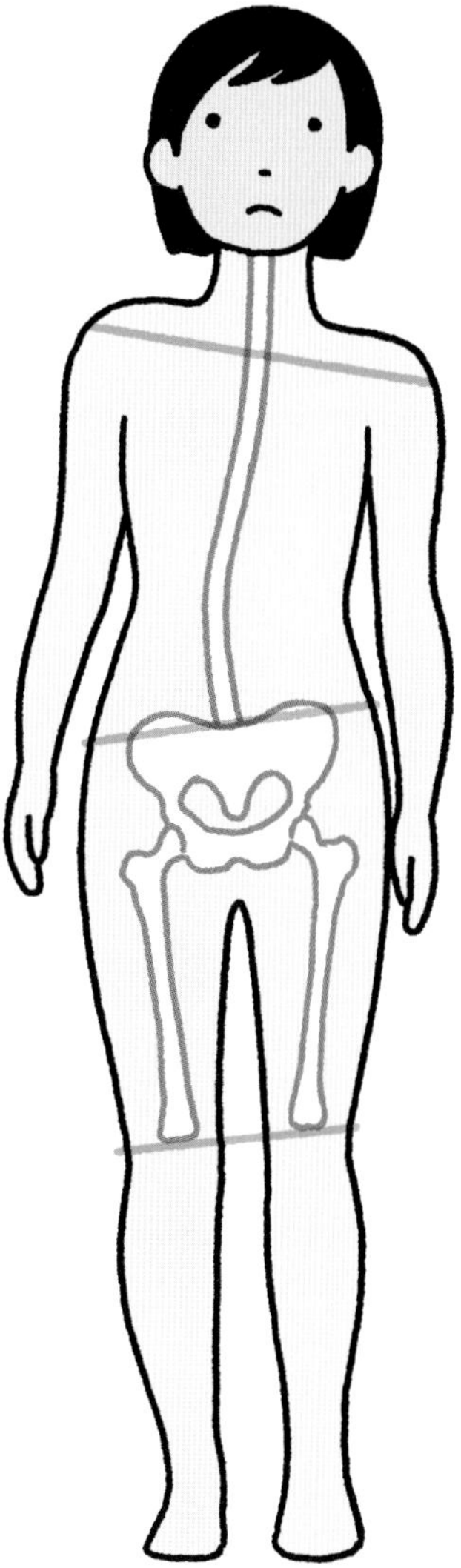

とはいえ、人間であれば、「体をまったくゆがませない」のはとても難しいです。多くの人には利き手や利き足などがあるため、体を左右、両方完全にバランスよく使うことはできません。

ですが、ゆがみをそのままにしておくと、顔のバランスにも影響を及ぼすことを知っておいてください。そして、顔のゆがみを根本的に改善するために、本書のはじめに紹介した、「ゆがみ習慣」を減らし、「ゆがまない習慣」を意識していただきたいのです。

そのうえで、ＰＡＲＴ３で紹介する「応用編」……おうちでできる「体のゆがみを解消するケア」を実践しましょう。

もしかしたら、顔のケアにさらに体のケアをプラスして行うのは、難易度が高いと思われる方もいるかもしれません。

しかし、体から整えていくことで、顔のゆがみの改善をペースアップすることができます。何より、顔のケアをお休みしても、ゆがんだ状態に戻りにくくなります。ダイエットでいうと、リバウンドしにくくなるということ！

「応用ケア」を取り入れることで、「姿勢がよくなる」「肩こりが改善される」といった、うれしい効果も期待できます。1日に1回、ストレッチ代わりに夜眠る前に行うなどして、ぜひ習慣づけてみてください。

全身をつなぐ「**筋膜**」とは

「筋膜」という言葉を聞いたことはありますか？　その名の通り、「筋肉を包み、つなぎ合わせる膜」のことで、全身に張りめぐらされています。「第二の骨格」と呼ばれることもあり、筋肉に限らず、骨や腱、内臓、神経、血管など、あらゆるものを包み、支えています。下のイラストのように、筋膜の一部が硬くなると、つながりを通して、ほかの部分にまで影響を及ぼすことになります。

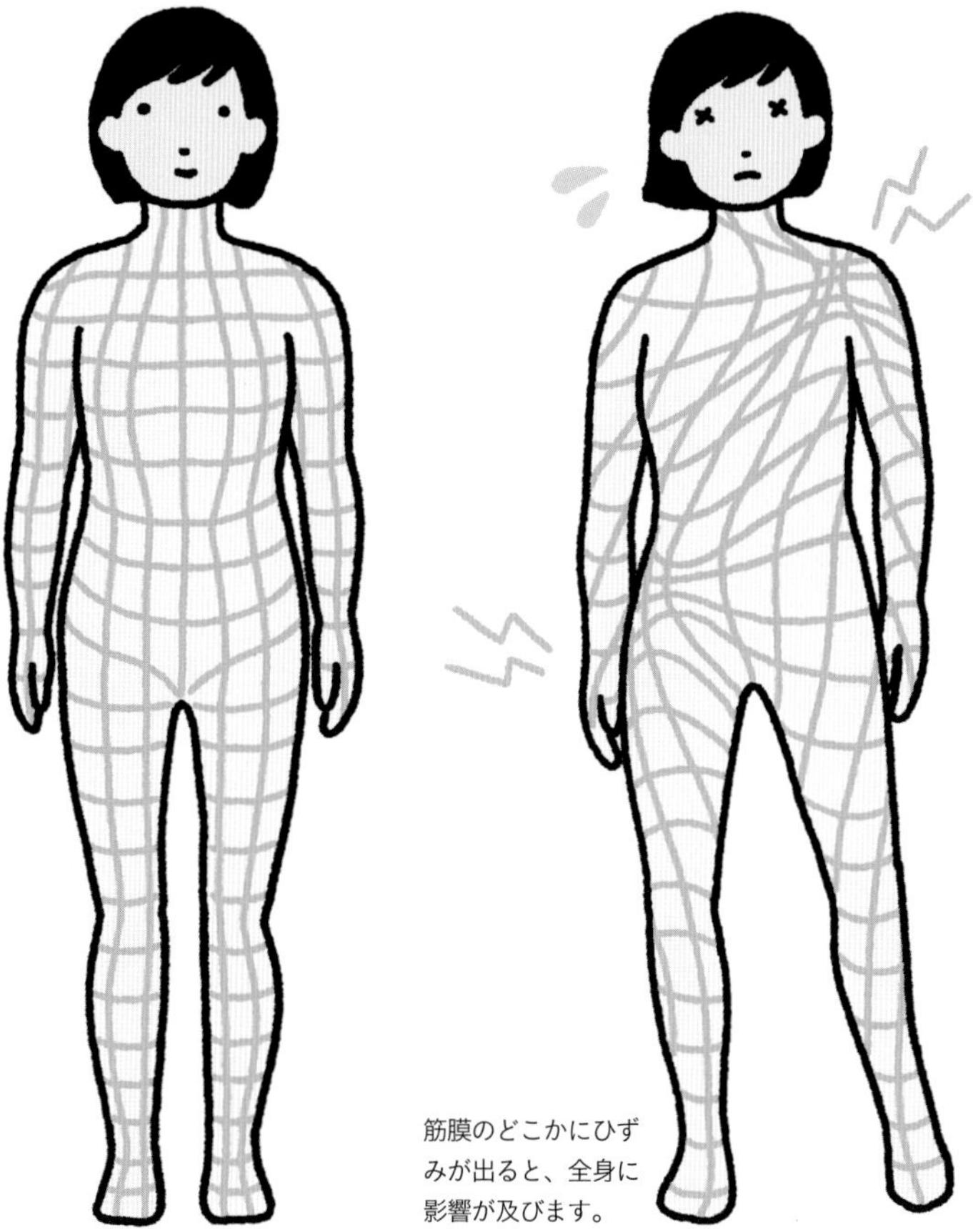

筋膜のどこかにひずみが出ると、全身に影響が及びます。

「筋膜」の様子は、たとえて言えば、みかんのようなもの。みかんの皮が人の皮膚だとしたら、中身は筋繊維。そして、粒々の実を包む、薄皮が筋膜だと考えれば、わかりやすいでしょう。みかんをむくと薄皮がつながっているように、人間の筋膜もつながっているのです。

応用ケアで、ゆがみを土台からスッキリさせましょう

ゆがみ専門サロン「BIKOTSU ZERO」では、その場で顔のゆがみだけを矯正するというメニューは扱っていません。

もちろん、顔だけ改善することも技術的には可能です。しかし、前述した通り、人間の体は骨格も筋肉も全身がみかんのようにつながっています。ですから、体がゆがんだままだと、顔のゆがみは治りにくく、リバウンドもしやすくなります。ケアの効果をより高めるためには、体も一緒に矯正する必要があるのです。

プロが体の施術をするときは、一人一人の体の状態をみたうえで、その人にあった施術を行います。そう聞くと、プロの手を借りないと、体のケアは難しいのでは、と思うかもしれません。しかし、多くの人には共通する「ゆがみポイント」があります。

ここでは、ゆがみやすく、顔に影響を及ぼしやすい部分をピックアップ。さらに、それぞれのゆがみに合わせて、左右のバランスを整えていく方法も紹介しています。

6つのケアを通しで行うのが理想ですが、自身の日頃の生活習慣から、より重点的に行いたいケアを選んで実践してもよいでしょう。

アプローチするのはここ！

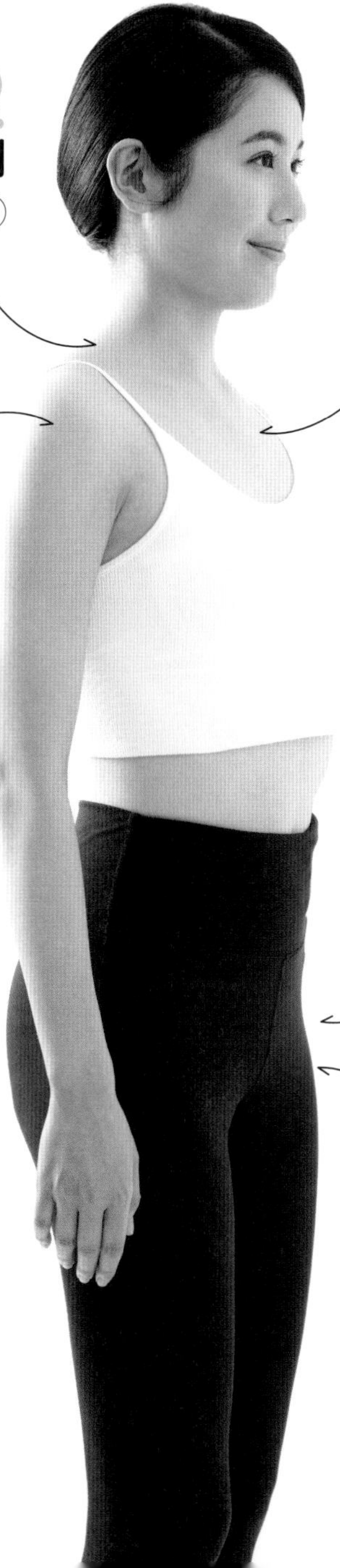

応用ケア1
首の後ろ側
→P.106

応用ケア2
首の前側～鎖骨
→P.108

応用ケア3
手のつけ根～前腕
→P.110

応用ケア4
骨盤のまわり
→P.112

応用ケア5
インナーマッスル
→P.115

応用ケア6
体の背面
→P.118

「応用ケア」では、上半身と下半身をつなぐ重要なパーツである骨盤から、知らず知らずにこわばってゆがみを引き起こすインナーマッスル、背中、首、そして、腕の緊張までほぐし、全身のバランスを整えていきます。

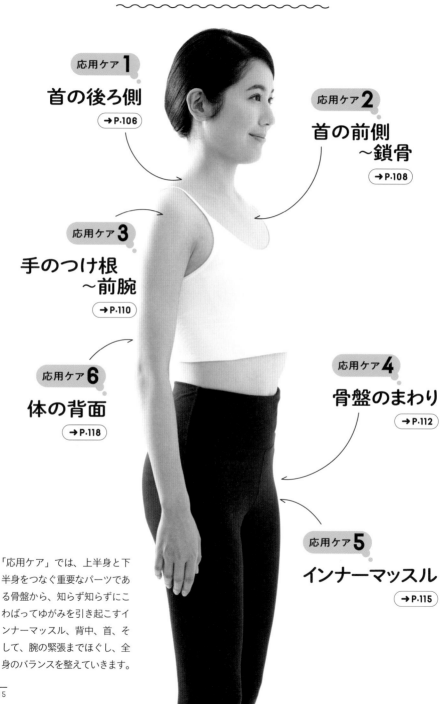

応用ケア1

首の後ろ側をプッシュして伸ばす

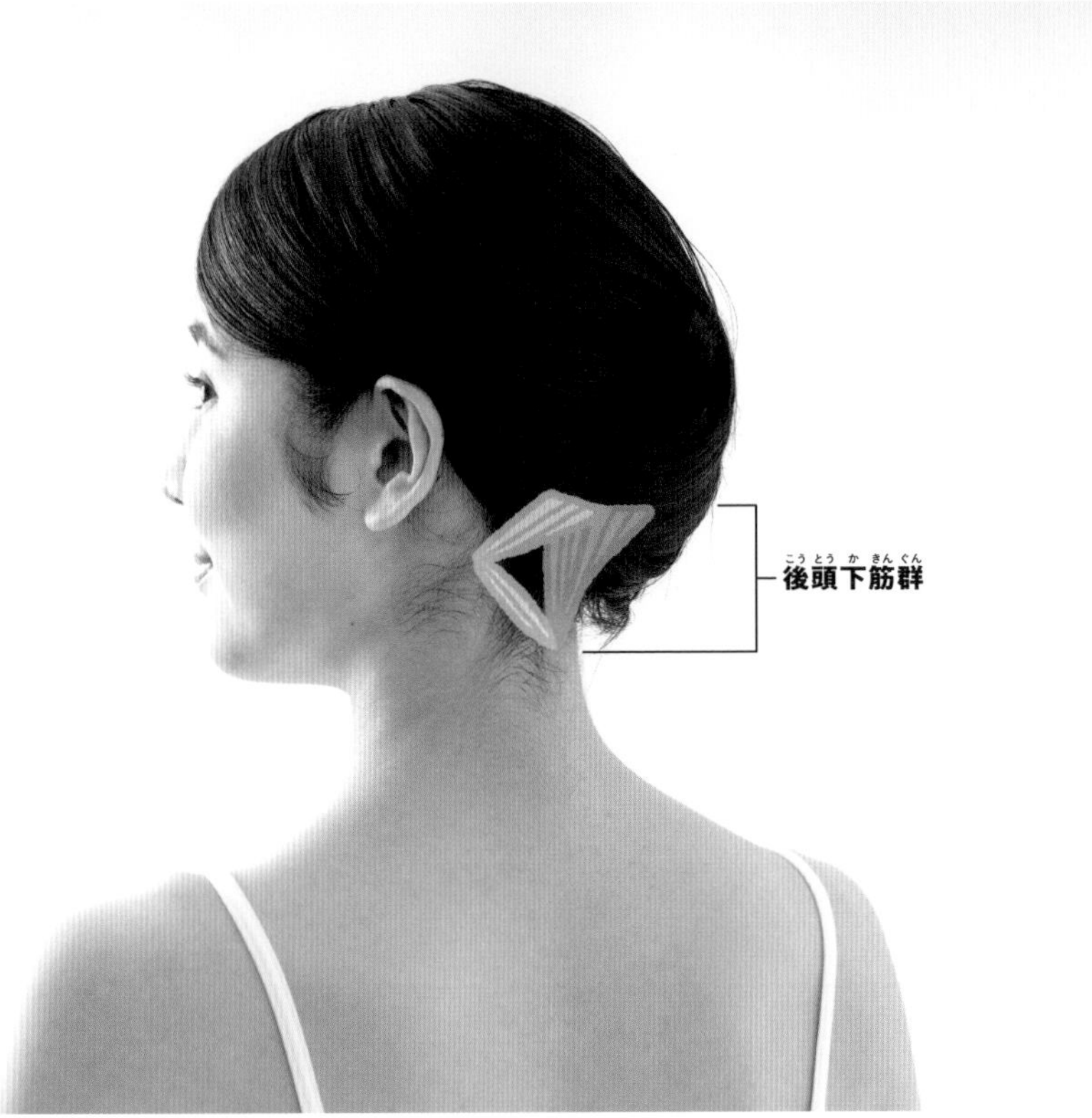

首をケアして肩こりも解消する

首の後ろ、上部にある、首と頭部をつなぐ4つの筋肉「後頭下筋《こうとうかきん》群《ぐん》」にアプローチします。「僧帽《そうぼう》筋《きん》」という首の大きな筋肉の内側にあり、顔や頭の向きを細かく調整する筋肉なので、偏ってこわばると、顔の筋肉の状態に大きく影響を与えます。

「後頭下筋群」は、目の動きに連動しているため、モニター画面を見続けたり、下を向いた姿勢が続くと、緊張しやすくなります。また「後頭下筋群」がこると、「僧帽筋」などにも影響を及ぼし、首こりや肩こり、頭痛や目のかすみなどにもつながるので、じっくりほぐしましょう。

1

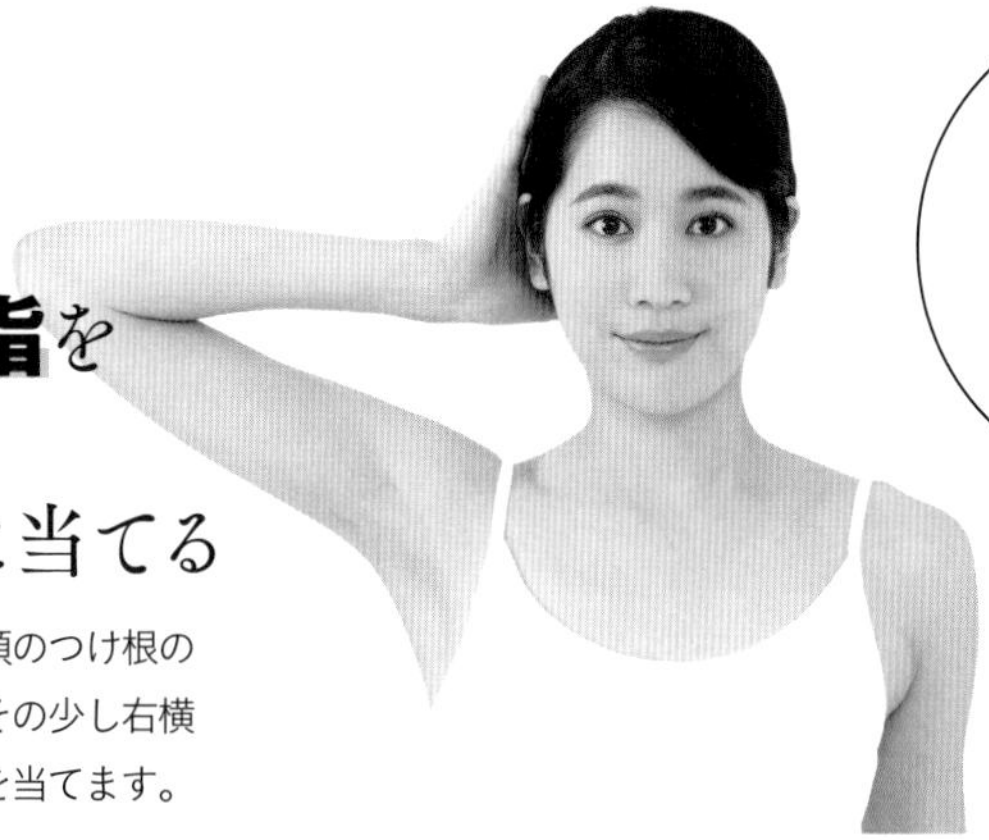

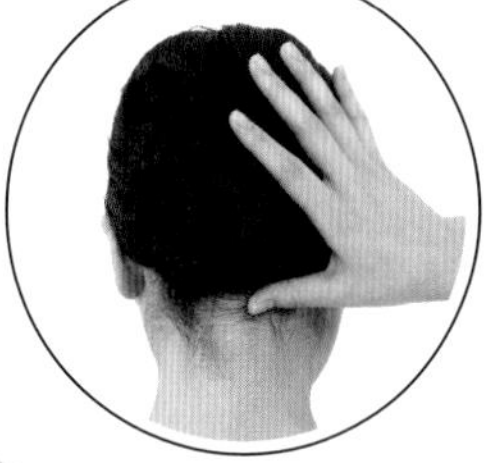

右手の親指を横にして首の後ろに当てる

首の後ろ側の中央、首と頭のつけ根のへこみ部分をチェック。その少し右横の膨らみに、右手の親指を当てます。

2

頭を左に倒す

親指を当てたまま、首を真横、左側に倒します。親指を横に当てることで、2本の筋肉をカバーできます。

3

肩ごしに床を見るように首をひねる

首を左に倒したまま、床を見るように首をひねります。**2**→**3**を10回くり返します。反対側も同様に行いましょう。

左右とも10回ずつ

応用ケア2 首の前側〜鎖骨を伸ばす

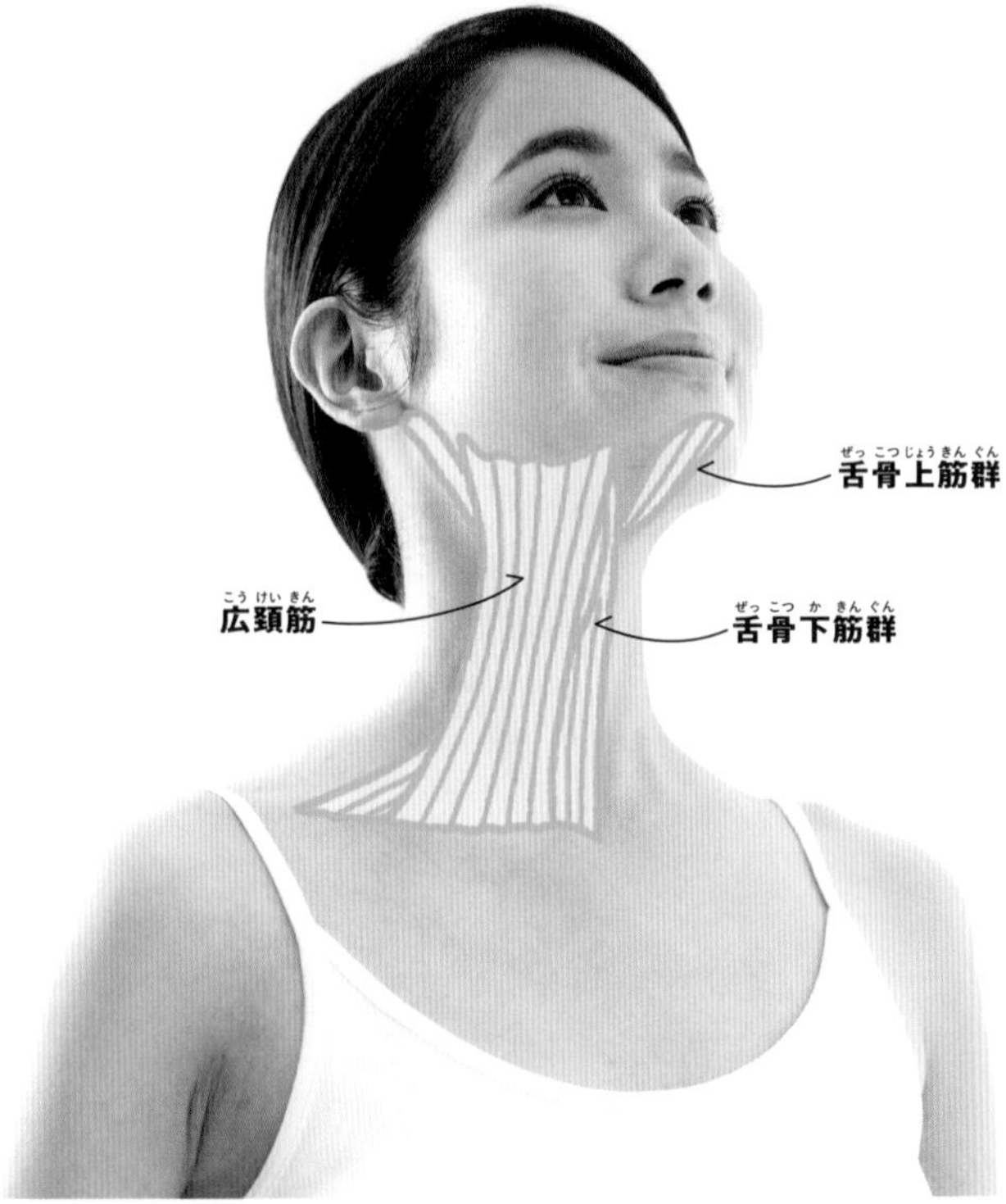

「老け見え」する、首のたるみを解消

首のケアは、「広頸筋《こうけいきん》」と「舌《ぜっ》骨筋《こつきん》」という2つの筋肉にアプローチします。

「広頸筋」は、下あごのふちから首の前面を覆い、胸につながる筋肉です。あごや口角を下げる際に使われ、口角の高さなど、顔の下半分の状態に影響を及ぼします。

「舌骨筋」は、舌骨をはさんで下あごと頸部にまたがる筋肉です。収縮すると、首やあごのたるみにつながります。

縮こまった「広頸筋」「舌骨筋」を伸ばすことで、張りのある筋肉がよみがえり、支えを失ってたるみがちだった口もとやあご、そして首を引き上げることができます。

1

鎖骨の下あたりで両手をクロスする

両手をクロスして、鎖骨の下あたりにセットします。軽く指に力を入れて、皮膚を押さえてください。

2

両手を軽く押さえながら天井を向く

そのまま、ゆっくりと天井を見ましょう。両手で皮膚を押さえることで、首とあごがしっかり伸びるはずです。

左右とも5秒ずつ

3

左ななめ上を見る

上を向いたまま、あごを左側に向け、5秒間キープ。右側の首すじをしっかり伸ばします。

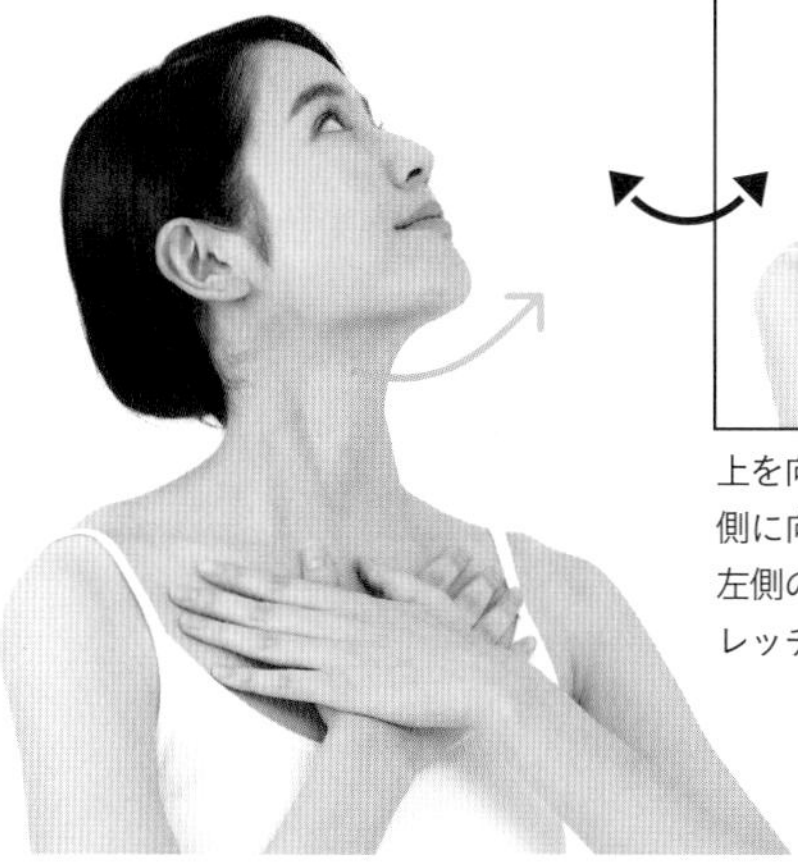

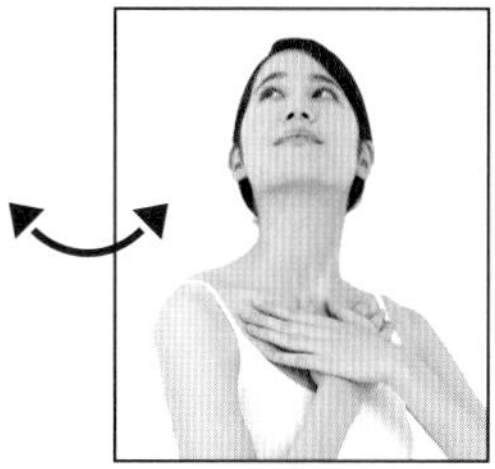

上を向いたままあごを右側に向け、5秒キープ。左側の首筋も同様にストレッチしましょう。

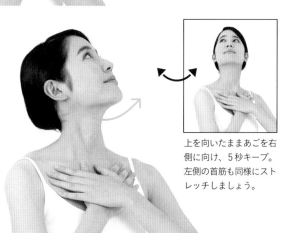

応用ケア3

手のつけ根～前腕を伸ばす

腕のこわばりは目の高さにも影響

腕の筋肉の状態は、顔のゆがみに大きく影響します。腕の筋肉がこわばっていると、神経を通じて、首や肩、さらに目もとまでこわばりやすくなり、目の高さの左右差などの原因に。解剖学的にも、首から伸びる神経の末端である腕の筋肉にアプローチすると、首や肩の緊張がほぐれやすいことがわかっています。

特に、デスクワークの人は、長時間同じ姿勢でいることから、知らず知らずのうちに、前腕がこりかたまっています。

日頃は意識することが少ない前腕をほぐして、効果的に首、肩をゆるめていきましょう。

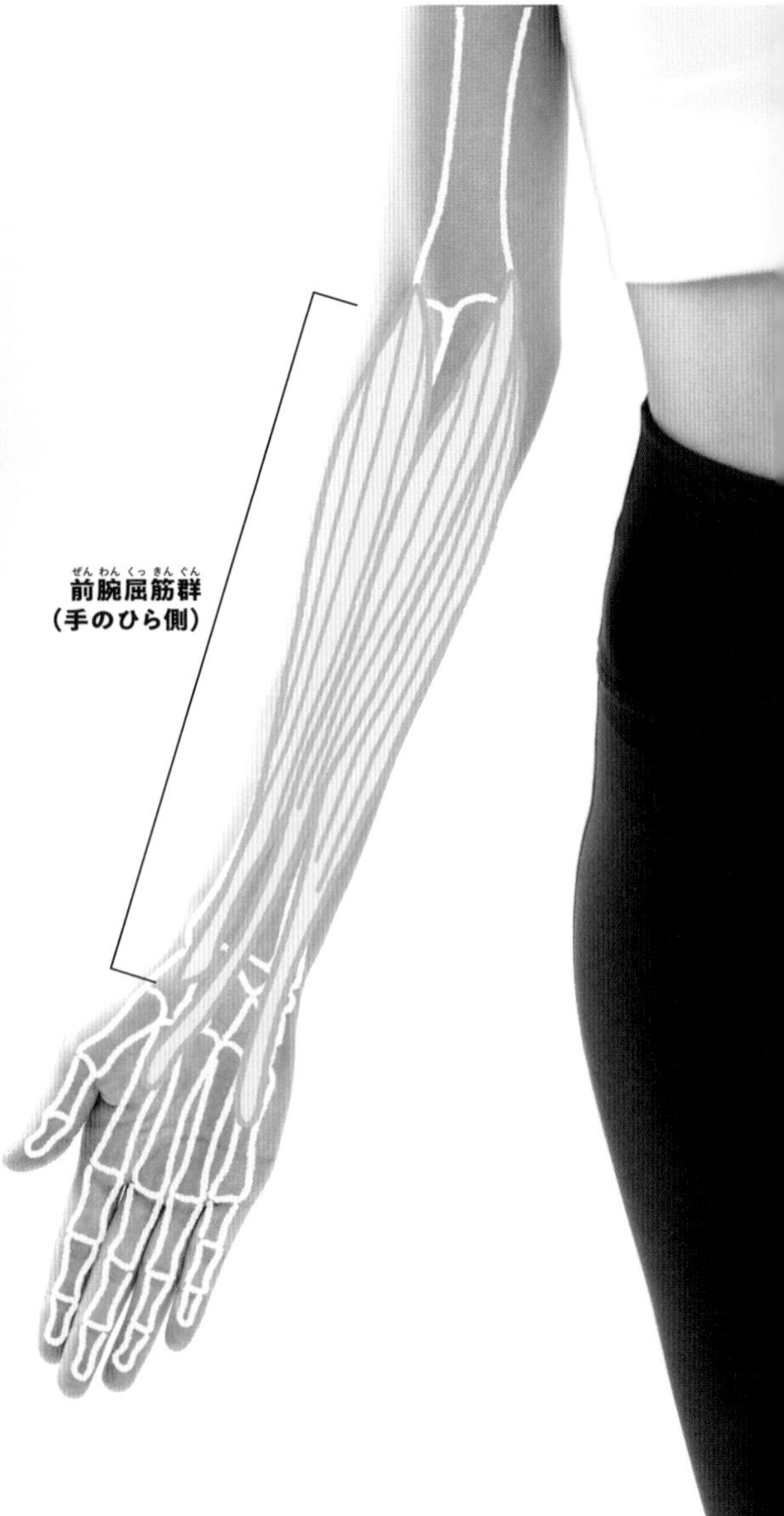

ケアの前に…

前腕の硬さをチェックしましょう

チェックは椅子に座って行います。両手のひらを上に、指を下に向けましょう。指先を太もものつけ根に置き、手の位置はそのままで、両手のひらが、ひじを曲げずに太ももにピッタリつくかどうか、チェックしましょう。

手のひらが太ももにつかない人、または、手のひらはつくけれど、肩が上がってしまう人などは、前腕の筋肉が、かなりこわばっているといえるでしょう。

1

腕を**まっすぐ前**に向かって**伸ばす**

肩の高さで、腕をまっすぐ前に伸ばします。ひじが曲がらないようにし、手のひらは上に向けておきましょう。

2

反対の手で**指先**を持ち、グーッと**伸ばす**

反対側の手で、伸ばしている腕の指先をつかみ、手前にグーッと引き寄せて、30秒間、前腕を伸ばします。反対の腕も同様に行いましょう。

応用ケア4

ひざを倒して 骨盤のまわりをケア

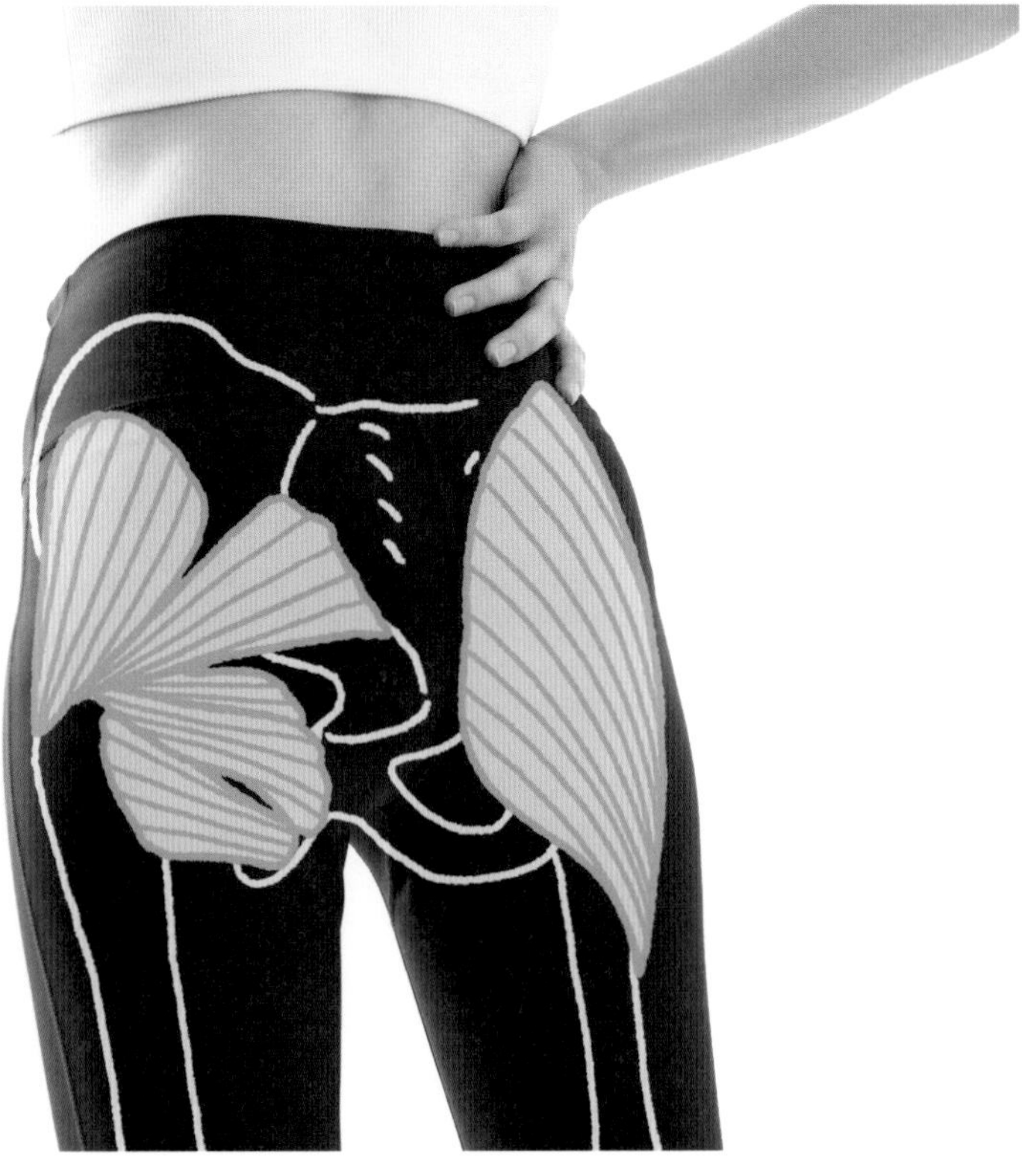

土台から整えて、ゆがみスッキリ！

骨盤の状態は、顔のゆがみに大きく関係しています。

たとえば、額にある「前頭筋《ぜんとうきん》」は、筋膜で腰の筋肉とつながっています。そのため、骨盤にゆがみがあり、腰の筋肉に左右差が生まれると「前頭筋」にまで影響が及び、眉の高さなどに違いが出ます。

また、骨盤がゆがんでいると、顔だけでなく、体型や姿勢のバランスも大きく乱れます。たとえば、ウエストのくびれに左右差が生まれたり、猫背、反り腰、ぽっこりお腹などの原因になるほか、下半身だけ太りやすくなることも。体の土台ともいえる骨盤を整えて、根本的にゆがみを改善しましょう。

ケアの前に…

骨盤のゆがみ度合いをチェックしましょう

床にあおむけに寝て、両ひざを曲げて立てます。このとき両ひざはそろえておきましょう。両方の肩は床につけたまま、浮かないようにしながら、ひざを左右に倒します。

どちらかで、やりやすいほう、やりにくいほうがあったら、左右の状態がアンバランスになって、骨盤がゆがんでいるといえます。骨盤にゆがみがあるかどうかのチェック方法は数多くありますが、左右のゆがみチェックとしてはこの方法がおすすめです。

このケアは…

傾けやすい側をさらにケアします

このケアでは、傾けやすかったほう、つまり痛みや張りが少ないほうに体を動かします。筋肉の痛みや張りは、根本的には、脳との情報のやり取りで決まります。つまり、体がゆがんでこわばりが強い場合、脳から「緊張を続けろ！」という信号が止まらなくなっている状態ということ。そんなとき、痛くないほう、楽なほうに体を動かすことで、脳からの緊張の信号が止まり、フラットな状態を取り戻しやすくなるといわれています。この考え方を「操体法」といい、ここで紹介するケアは、この操体法の理論を取り入れています。

傾けやすい側をケア!

1

あおむけになり、**ひざ**を立てる

チェックでわかった、倒しやすかった側だけ行います。あおむけになり、両ひざをそろえて立てます。

3秒

2

ひざをそろえたまま片側に**倒す**

ひざはそろえたまま、できるところまで倒し、限界が来たら、3秒間キープしましょう。

3

一気に**脱力する**

3秒間キープしたら一気に脱力。ひざをもとの位置に戻したら、同じことを5回、くり返します。

3秒
×5回

応用ケア5

インナーマッスルに足踏みでアプローチ

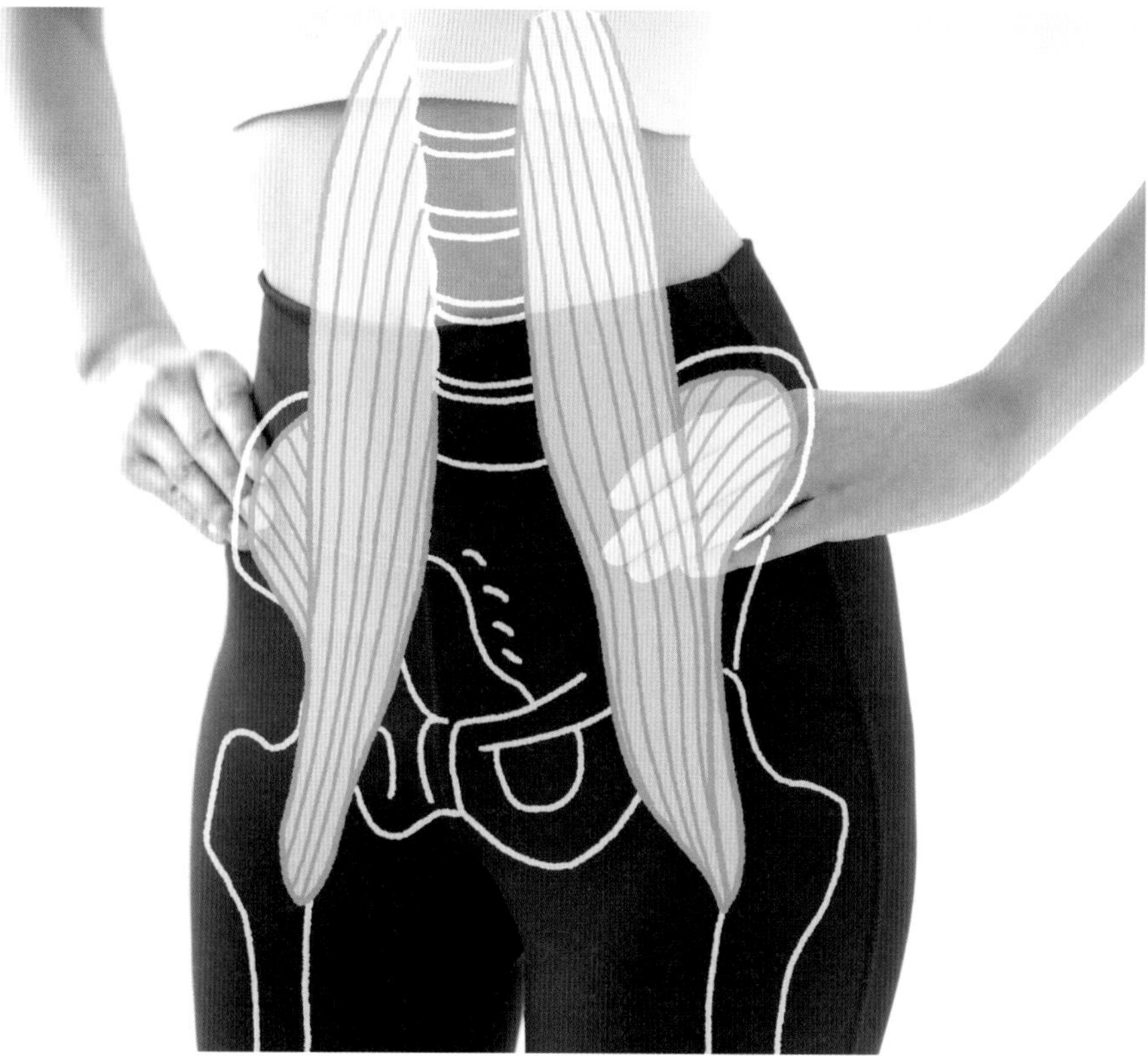

筋膜で咀《そ》嚼《しゃく》筋《きん》につながっている

このケアでは、腹部のインナーマッスルの一つ「腸腰筋《ちょうようきん》」にアプローチします。「腸腰筋」は、腰椎や骨盤の上部から、太ももの内側につながる筋肉の総称です。上半身と下半身をつなぐ重要な筋肉の一つで、実は、顔のゆがみに大きく影響する「咬筋」や「側頭筋」と、筋膜でつながっています。

現代人は、座りっぱなしの姿勢が多く、腸腰筋が縮みがちです。このケアで腸腰筋をゆるめることで、顔のゆがみのほか、便秘や猫背、股関節の柔軟性にもよい影響を与えます。

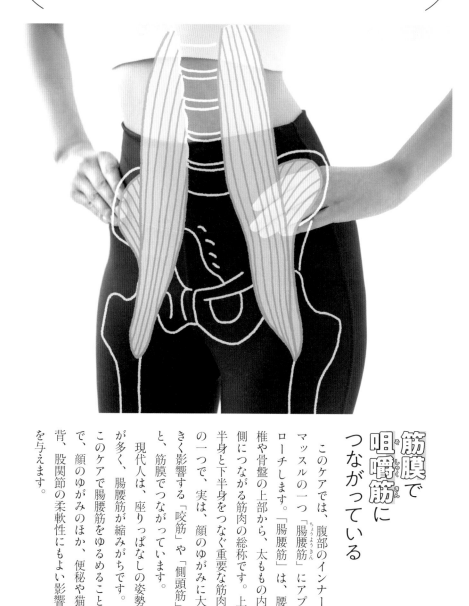

1 椅子に**腰かけ**、**骨盤**を**後傾**させる

椅子に座り、骨盤をグッと後傾させます。椅子の背もたれに、もたれたままでもよいでしょう。

2 **腸骨**の内側に、両手の**親指**を**差しこむ**

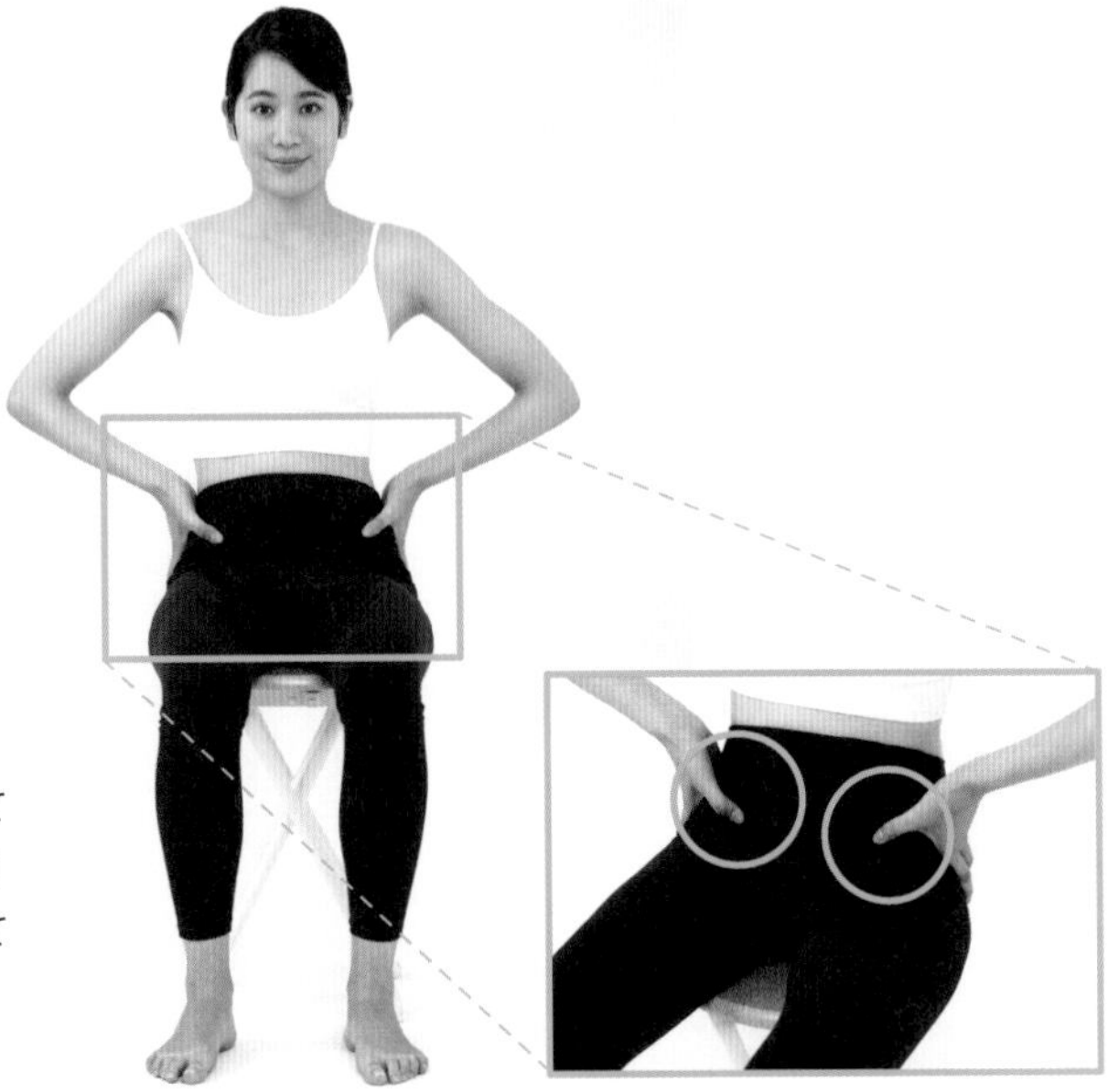

座った状態で、骨盤の出っぱっている部分を確認。そこから、指1本分内側に、両手の親指を曲げてギュッと差しこみます。

3 2の姿勢のまま足踏みをする

骨盤は後傾、親指は押さえたままの姿勢で、両足で交互に20回、片足10回ずつ足踏みをします。

20回

POINT

太ももは腰くらいまで上げる

太ももを高く上げることで、親指で押さえた「腸腰筋」にしっかりアプローチすることができます。骨盤を後傾させた状態で足踏みをするのは少しきついかもしれませんが、こわばった筋肉をほぐすためにも、太ももは腰くらいまでしっかり上げましょう。

Q 骨盤を後傾できているかわからない…

座った姿勢で骨盤を後ろに傾けるのが難しい場合は、まず立った姿勢で、骨盤を動かす感覚をつかみましょう。足を肩幅に広げてまっすぐ立ち、腰の横に両手をそえます。そのままお腹にグッと力を入れ、お尻の穴を前に出すと、骨盤が後傾します。反対に、胸を張ってお尻を後ろに突き出すのが、骨盤を前傾させる姿勢です。ちなみに、猫背の人は骨盤が後傾に、反り腰の人は骨盤が前傾になりがちです。

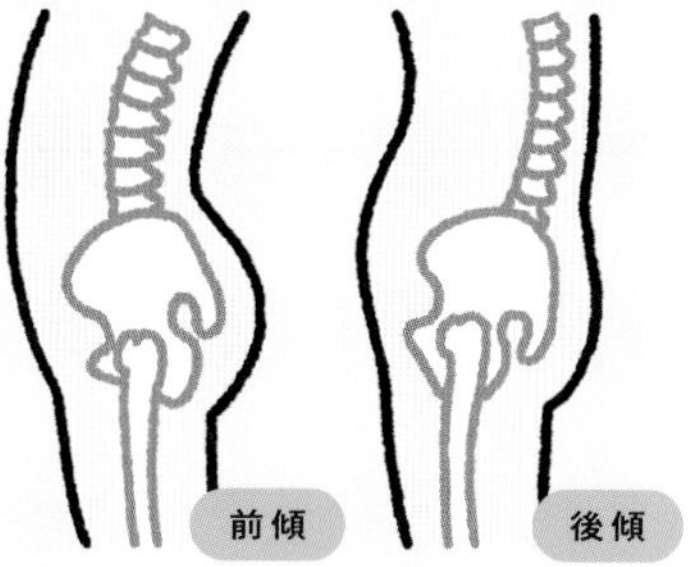

応用ケア**6**

体の背面をゆるめて全身のバランスを整える

体全体のゆがみに働きかける

体の背面には、腰まで続く「広《こう》背筋《はいきん》」や、背骨まわりの細かい筋肉、そして、お尻の大きな筋肉「大臀筋《だいでんきん》」や腰まわりの筋肉など、たくさんの筋肉があります。

体の背面がこわばると、肩こりや腰痛の原因になるばかりでなく、額の「前頭筋」にまで影響し、目の高さや頬の高さの違いなどのゆがみを生み出します。

体の背面は、なかなか意識がしづらいのですが、ゆるめることで、骨盤まわりのゆがみを解消できるだけでなく、腰痛や肩こりの解消にも効果的です。

また、背面をケアすることで、筋膜でつながる「前頭筋」などもゆるめることができます。

筋膜のつながり、前と後ろ

体は、前面と背面にそれぞれつながりがあります。
「前面」は、上半身と下半身で2つに分かれてつながります。上半身は、耳の後ろから胸、お腹を経由し、恥骨まで。下半身は、骨盤あたりからはじまり、ひざのお皿、足の甲までです。
「背面」は、眉の上あたりからスタートして後頭部を通り、背骨に沿って下半身に向かいます。そして、両足の後ろ側を通り、足の裏まで伸びています。前面と背面のつながりは、それぞれ協調して、前後のバランスを取る役割があります。

前のつながり

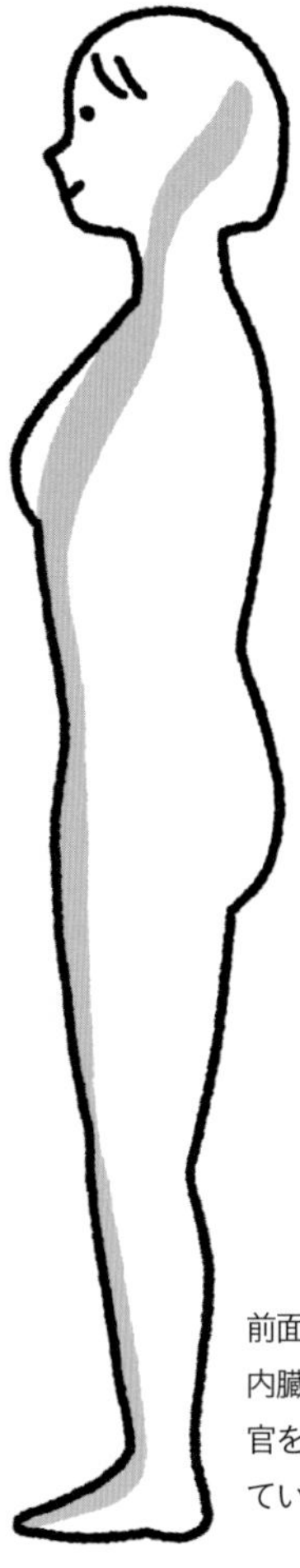

前面のつながりは、内臓などの重要な器官を守る働きを担っています。

後ろのつながり

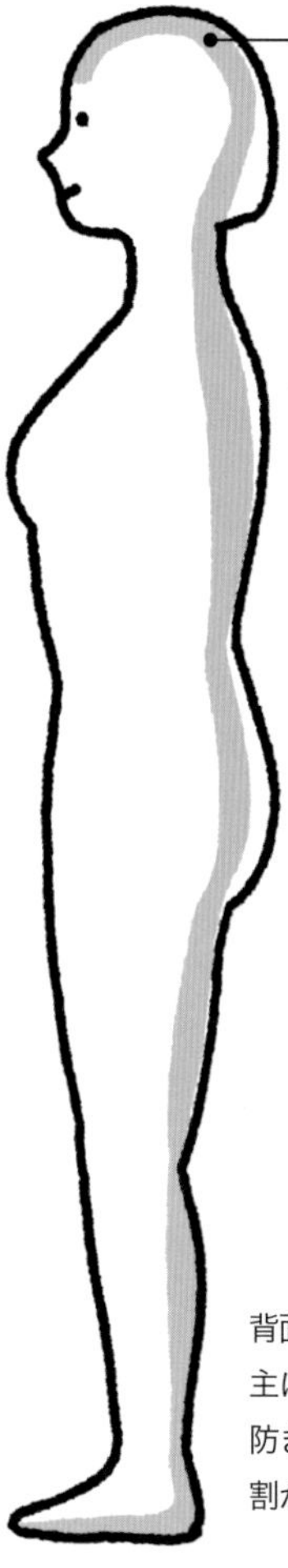

背面のつながりは、主に体が丸まるのを防ぎ、直立を保つ役割があります。

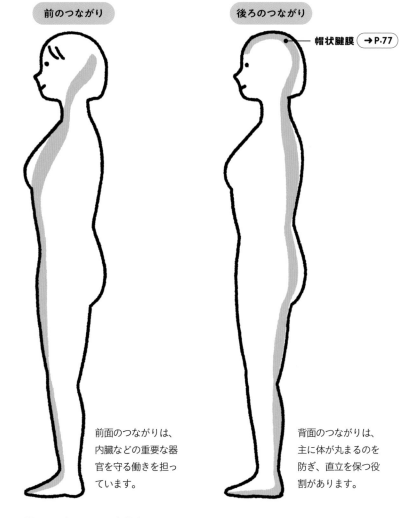

ケアの前に…

伸ばしにくいほうをチェックしましょう

ほとんどの人は、体の左右どちらかを偏って使っているため、どこかしらにゆがみが存在します。このケアは全身にアプローチするので、体全体のゆがみをチェックしましょう。あおむけで横になり、足を片方ずつ、かかとを下に突き出すように、グーッと伸ばします。足だけでなく、上半身など全身を連動させて伸ばしてみてください。左右で伸びに違いを感じたら、やりやすいほうだけをケアします。

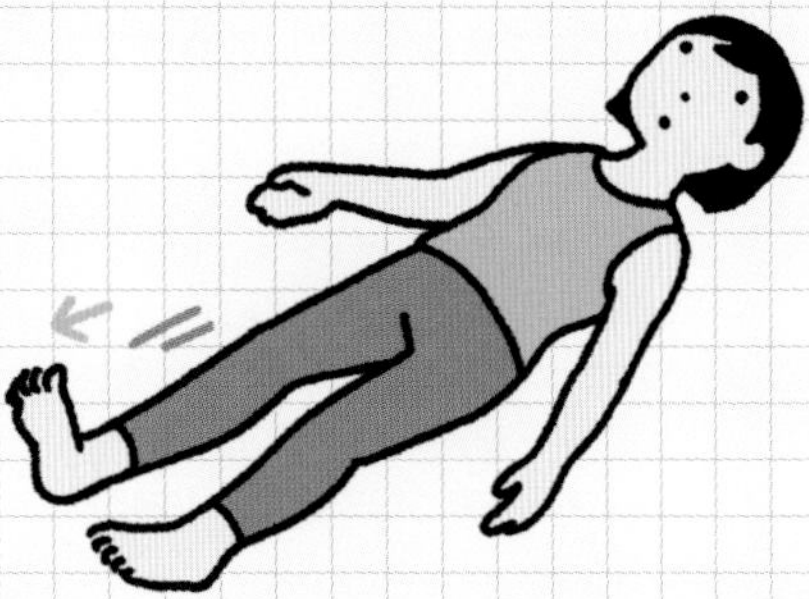

伸ばしやすい側をケア！

1 あおむけになり、両手はお腹の上へ

あおむけになり、体をまっすぐに伸ばします。足先はそろえなくて構いません。両手はお腹に軽く乗せておきましょう。

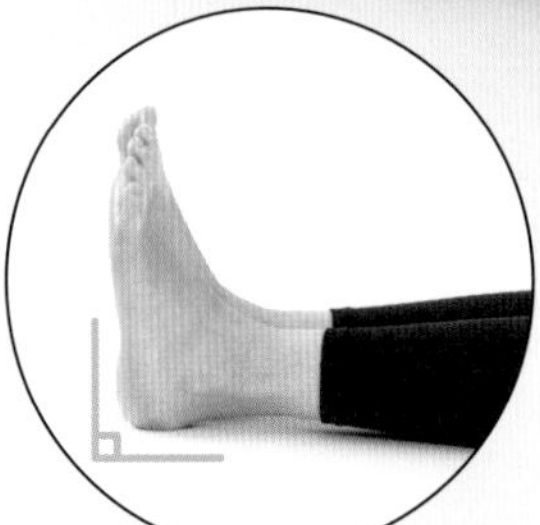

足首の角度はおよそ90度。つま先を天井に向け、かかとを床にしっかりつけましょう。

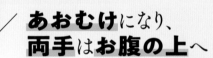

2 片足のかかとを、グーッと突き出す

チェックでやりやすかったほうの足を、かかとをグーッと突き出すように、体の下の方向に思いっきり伸ばして３秒間キープします。

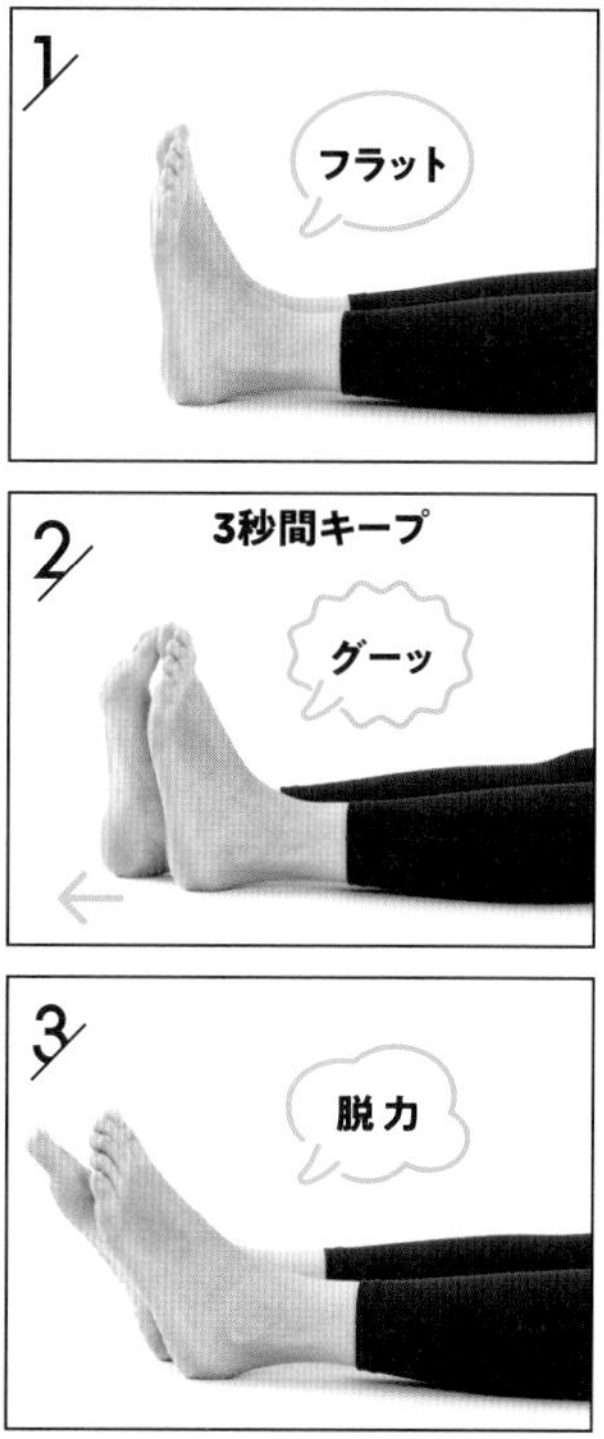

3秒
×5回

3 一気に力を抜く

３秒経ったら、伸ばしていた足の力をすとんと一気に抜きます。これを５回、くり返しましょう。

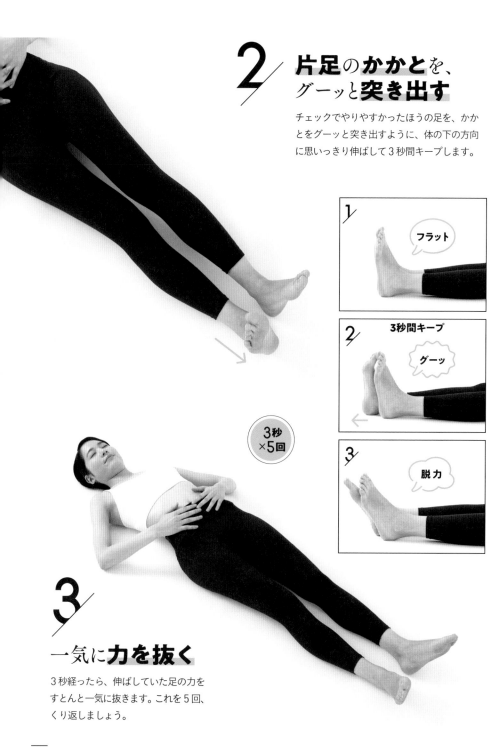

顔のゆがみケア
セルフチェックシート

P.124からのチェックシートに記入すれば、ホームケアを実施できた日が一目瞭然でわかります。ビフォーアフターも記録できるので、自身の変化にも気づけるはず。◎をつけることが、ケアを続けるモチベーションになりますように……。

記入例

①	② 1回目	② 2回目	② 3回目	③ MEMO
4/15 DAY1	◎	◎	◎	初日は、しっかりケアできた！ 最初、咬筋に触れる感覚が わからなかったけど、 2回目以降はじっくりほぐせたと思う。
4/16 DAY2	◎	○	△	午後から少し体調が悪かったので、 ケアは2回で終わり。 右側のフェイスラインが 少しシュッとしてきた気がする！

① 日付

ケアを始める日から2週間分の日付を書きこみます。ケアを行った日だけを記録するのではなく、“やらなかった日”も確認できるようにするために、日付は飛ばさずに書きましょう。

② ケアをできたかどうか

各ケアは、1日3回行うのが理想です。やる予定だったケアをすべて行えた場合は◎、いくつかは行えた場合は○、できなかった場合は×などを書きこみましょう。

③ MEMO

ケアを始めて感じた変化や、今日のできごとなど、なんでも記録できるメモ欄です。途中で行うケアを変えたりしたときは、ここにメモを残しておきましょう。

\ セルフカルテ /

ケアを始める前　記入日　　月　　日（　　）

ケアを始める前に
Beforeの写真を
撮っておきましょう

特にゆがみが気になるのはどの部分ですか？

□ あご（フェイスライン）　□ 眉の高さの左右差　□ 口角の高さの左右差
□ 目の高さの左右差　□ エラ張り　□ 頬の高さの左右差
□ その他（　　　　　　　　　　　　　　　）

行う予定のケアを記録しましょう　*掲載ページをメモすると◎

①　　　　（　　ページ）　④　　　　（　　ページ）
②　　　　（　　ページ）　⑤　　　　（　　ページ）
③　　　　（　　ページ）　⑥　　　　（　　ページ）

2週間のケアを終えて　記入日　　月　　日（　　）

2週間、毎日ケアできましたか？

□ 1日3回、しっかりできた
□ 半分くらい（2週間のうち8日以上）は行えた
□ 1日1回以上、毎日頑張れた
□ あまりできなかった（2週間のうち7日以下）

セルフケアを行って一番成果を感じられたのは？

2weeks チャレンジ！

2週間分、記録してみましょう。

1週目

／ DAY1	1回目	2回目	3回目	MEMO
／ DAY2	1回目	2回目	3回目	MEMO
／ DAY3	1回目	2回目	3回目	MEMO
／ DAY4	1回目	2回目	3回目	MEMO
／ DAY5	1回目	2回目	3回目	MEMO
／ DAY6	1回目	2回目	3回目	MEMO
／ DAY7	1回目	2回目	3回目	MEMO

2週目

／ DAY1	1回目	2回目	3回目	MEMO
／ DAY2	1回目	2回目	3回目	MEMO
／ DAY3	1回目	2回目	3回目	MEMO
／ DAY4	1回目	2回目	3回目	MEMO
／ DAY5	1回目	2回目	3回目	MEMO
／ DAY6	1回目	2回目	3回目	MEMO
／ DAY7	1回目	2回目	3回目	MEMO

お疲れさまでした！　２週間前の写真と、今の自分を比べてみましょう。

おわりに

これまで10年以上「顔のゆがみ」と向き合い続けてきて、強く思っていることがあります。それは、「1つの物事にとことんこだわり、誰にも負けないくらい追究し続けることで、見えるものがある」ということです。

――一点集中全面突破。

私が施術家として人生を送る中で、もっとも大切にしている言葉です。

顔のゆがみにおける数々の臨床経験と、最新の知識と技術をアップデートするための、日々の勉強。そして、現場に立ち続けるというこだわり。

私は、お客様の顔のゆがみと日々真摯に向き合っているからこそ、机上の空論ではない、「活きた情報」を身につけることができたと自負しています。

そんな「活きた情報」を、1人でも多くの顔のゆがみで悩まれている方に届けたい……。そんな想いで、書籍の出版を決意しました。

1日3回のホームケアで最大限顔のゆがみが改善できるように、これまで私が身につけた知識や技術をなるべくわかりやすく、出し惜しみなく詰めこんでいます。

本書の目的は「ホームケアによってあなたの顔のゆがみを改善する」。

まさに、一点集中全面突破です。

ホームケアで最大限の成果を得るために、強くお伝えしたいことがあります。

本書の冒頭でも説明した、「ゆがみ習慣」の改善です。

ホームケアを始める前に、日常生活で「ゆがみ習慣」をしていないか、必ず見直してください。やってしまっているなら、その習慣をすぐにでも減らすように努めてください。

どれだけホームケアを頑張っても、なかなか改善しないという方は一定数います。そういった方は、必ずと言っていいほど共通して、〝やること〟（ホームケアなど）ばかりに集中しすぎて、〝やめること〟（ゆがみ習慣の改善）が疎かになっています。

今、悩んでいるそのゆがみは、あなたの「ゆがみ習慣」の積み重ねにより起こってしまっているという事実を忘れないでください。

本書が、皆様が「顔のゆがみ」の改善に向けて、希望の光を見出すきっかけになれば、私にとってこれほど嬉しいことはありません。

あなたの顔のゆがみからくるコンプレックスや症状が、一日でも早く解消されることを、心より願っています。

最後になりましたが、私の専門用語まみれの知識を、誰でもわかりやすく理解しやすいようイラスト・表現・構成を必死で考えてくださった関係者の皆様に、この場を借りて感謝申し上げます。

BIKOTSU ZERO 院長　高野直樹

［著者］
高野 直樹（たかの・なおき）

BIKOTSU ZERO院長・ゆがみ整体師
整骨院・リラクゼーションサロンを経て、整形外科リハビリ室での勤務も経験し、体の悩みと向き合いながらクライアントを改善へと導いてきた。さまざまな技術を習得し18年間に延べ6万人以上を施術。柔道整復師や鍼灸師などの国家資格者・整体師・エステティシャンなどが技術を学ぶ学校の教科書も作成し、これまで数々の革新的な無痛小顔矯正・バキバキしない骨格矯正技術を世に送り出してきたゆがみを整える職人。

［監修］
森下 真紀（もりした・まき）

歯科医師・歯学博士・日本歯科総合研究所代表取締役社長
東京医科歯科大学歯学部歯学科を首席卒業。英国キングス・カレッジ・ロンドン歯学部留学、東京医科歯科大学大学院にて博士号取得。日本学術振興会特別研究員（DC2）。首都圏の歯科医院での診療に加え、企業と口臭対策や歯周病対策でコラボするなど、「日本を世界一の歯科先進国へ」をミッションとして掲げ、歯科業界の発展に貢献すべく活動を行っている。著書に『世界の一流はなぜ歯に気をつかうのか』（ダイヤモンド社）がある。

顔のゆがみがととのうと驚くほどきれいな私が現れる

2024年6月4日　第1刷発行

著　者———高野直樹
監　修———森下真紀
発行所———ダイヤモンド社
〒150-8409　東京都渋谷区神宮前6-12-17
https://www.diamond.co.jp/
電話／03·5778·7233（編集）　03·5778·7240（販売）

構成————杉木彩（スリーシーズン）
ブックデザイン／DTP—室田潤（細山田デザイン）、柳本真二、菅綾子
イラスト———平澤南
モデル————斉藤千穂（テンカラット）
撮影—————布川航太
ヘアメイク———依田陽子
編集協力————塩尻朋子
製作進行————ダイヤモンド・グラフィック社
校正—————鷗来堂
印刷—————勇進印刷
製本—————ブックアート
編集担当————吉田瑞希

ISBN 978-4-478-11749-1